AMBIGU LYRIQUE.

AMBIGU LYRIQUE.

Si des bords fortunés où coule le Permesse,
Les enfans d'Apollon ont moissonné les fleurs ;
Il peut être permis aux timides auteurs
De cueillir les bluets que le hasard leur laisse.

PRIX : 2 fr.

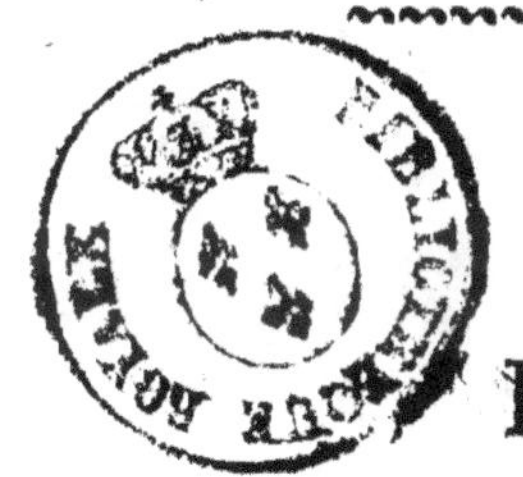

PARIS,

CHEZ GARNIER NEVEU, LIBRAIRE,
QUAI DES ORMES N°. 18.

ET CHEZ LE CONCIERGE DE LA GRANDE POSTE.

1823.

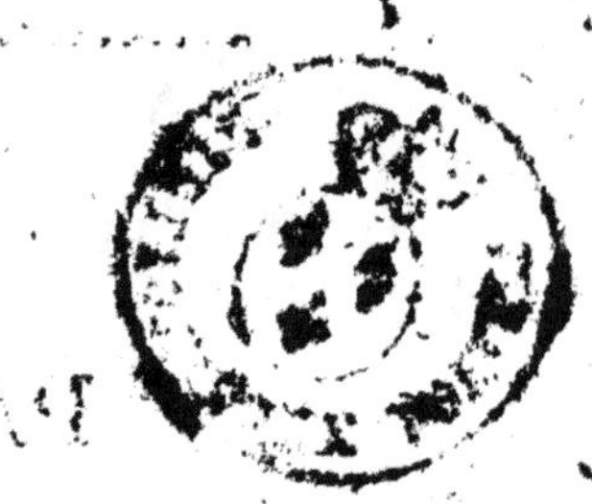

A Monsieur de RANCOGNE,

Administrateur général des Postes.

———

Monsieur l'Administrateur,

En vous faisant hommage de ce fruit de mes loisirs, je ne me suis point fait illusion sur la valeur de l'ouvrage : convaincu qu'il est loin de mériter l'honneur de vous être offert, je suis bien plus glorieux de la dédicace que de mes bluettes. Votre nom seul, Monsieur l'Administrateur, donnera quelque importance à l'auteur, et l'on n'y verra qu'un encouragement accordé à une plume novice encore.

J'espère que sous peu de temps, j'aurai à vous présenter une production plus digne de votre précieux suffrage

et de l'appui tutélaire que déjà vous
daignez accorder à mon ambigu.

Heureux de vous devoir une existence paisible, je n'ai provoqué cette
dernière bonté de votre part, Monsieur
l'Administrateur, qu'afin de voir naître une nouvelle occasion de vous exprimer toute ma reconnaissance, et
pour vous affirmer que je me plairai
constamment à me dire,

Avec le plus profond respect,

Monsieur l'Administrateur,

Votre très-humble et très-
obéissant serviteur.

POISLE-DESGRANGES jeune,
Employé à la division des articles.

PRÉFACE

QUI N'EN EST PAS UNE.

DIALOGUE ENTRE L'AUTEUR ET UN AMI.

L'AMI.

Eh ! quoi ? le désir d'écrire
Te soumet à son empire ?
Est-ce faiblesse, est-ce orgueil
Qui fit naître ton recueil ?

L'AUTEUR.

En moi, c'est un peu les deux.
De mes vers, tout glorieux,
J'ai pour eux les yeux d'un père.

L'AMI.

C'est bien, mais je ne puis taire
Que tes vers, bons ou mauvais,
Pour arriver au succès,
Exigent une préface.

L'AUTEUR.

Du conseil je te rends grâce !
Pérorer n'est pas mon fort,
Et ta préface aurait tort.

On n'obéit qu'à l'usage
En faisan du r mplissage
Qui se lit très-rarement.

L'AMI.

Qu'importe ? Il faut humblement
Dire aux lecteurs, aux lectrices,
Pour te les rendre propices,
Que comme eux tu sais fort bien
Que ton travail ne vaut rien ;
Que pour ta muse en démence,
Tu réclames l'indulgence.

L'AUTEUR.

Autant dire : Sois menteur.
Dois-je imiter tel auteur
Dont la morgue travestie
En discrète modestie
Nomme chétif son ouvrage ?
Non. Je ris d'un tel langage
Et dirai naïvement
Ma pensée en ce moment :
J'ai l'espérance de plaire
En offrant mes gais couplets ;
Et s'ils ne sont pas parfaits,
Je crois qu'on peut plus mal faire.

L'AMI.

Très-bien, mon aveugle auteur !

Le jugement est flatteur.
Sur ton espoir chimérique
J'entends l e public gloser ;
Bientôt l'austère critique
Saura te désabuser.

L'AUTEUR.

Laissons aux censeurs sévères
Le soin de voir mes défauts.
Ceux qui se blâment sont sots
Et leurs aveux peu sincères.
Pourquoi ferais-je imprimer
Les vers, fruits de mon génie,
Si j'avais cru mal rimer
Et tout mal faire ? Or, je nie
De l'avoir pensé jamais.
Jugez, Lecteurs. Je me tais.

AVIS

A MES LECTEURS ET LECTRICES.

Chaque poëte aujourd'hui croit
Que pour rimer la chansonnette,
Au côté gauche, au côté droit,
Il faut que sa muse se jette.
Pour moi, qui ris d'un tel travers
En gai chansonnier je me pique
D'avoir peu mêlé dans mes vers
Ce qui traite de politique :
On perd son temps à discuter,
Et l'on finit par radoter.
Sans rien tirer à conséquence,
Je chante l'amour, la beauté,
Le vin, les plaisirs, la bombance :
Ne suis-je pas du bon côté ?

AMBIGU LYRIQUE.

SUR LA POSTE.

Air : *Corneille nous fait ses adieux.*

J'avais, par goût pour les beaux arts,
Voulu me livrer à l'étude,
Quand par un des plus grands hasards,
J'adoucis ce qu'elle a de rude.
Afin d'avoir l'air d'un savant,
Quoique je n'eus jamais de maîtres,
J'entre à la poste, et sur l'instant
Je deviens un homme de lettres.

Exempt de travaux superflus,
Chez nous l'employé peut s'instruire ;
Car s'il n'apprenait rien de plus
En sortant, du moins, il sait lire.

AMBIGU

A l'instar de certains joueurs,
Mais sans y chercher de finesses :
Commis, Courriers ou Directeurs,
Tous ne subsistent que D'ADRESSES.

Par fois nous avons dans les mains
Placets ronflans, couplets frivoles,
Journaux menteurs, froids ou malins,
Sots complimens, fausses paroles.
Lettres d'homme puissant qui feint
D'avoir l'équité pour devise ;
Mais dont le droit de contre-seing
N'est pas celui de LA FRANCHISE.

Dans notre boîte, chaque jour,
Que d'écrits se trouvent ensemble !
Billets d'un guerrier plein d'amour,
A l'amante qui pour lui tremble.
Noirs projets de la trahison,
Pamphlets, cartels et pire encore :
On peut donc dire avec raison,
Que c'est LA BOITE DE PANDORE !

LE LOGEMENT DE CHACUN.

Air : *Je loge au quatrième étage.*

L'orgueil loge au premier étage ,
L'intrigue se place au second ;
Au troisième on trouve d'usage
Le bon bourgeois tranquille et rond.
Au quatrième , les grisettes,
La blanchisseuse , l'ouvrier ;
Au dessus , laquais et soubrettes ;
Et le talent loge au grenier.

L'ivrogne descend à la cave ;
Chiens et flatteurs sont à la cour ;
Un gourmand de Comus, esclave ,
Prend la cuisine pour séjour.
L'hôtel d'Angleterre * est le gîte
De plus d'un joueur dépravé ;
Le soldat dort dans sa guérite ;
Maint poëte sur le pavé.

Dans la grande ménagerie,
Tous les ours ne sont pas , dit-on ;

* Repaire des gens sans aveu.

2

Et trop souvent de l'écurie
Sortent bien des fats de bon ton.
Des hypocrites la cohorte ,
Assiége le temple de Dieu :
La Pauvreté reste à la porte,
Et n'a d'accès en aucun lieu.

Un Midas, à l'Académie ,
Est tout glorieux de se voir ;
L'amant épris de son amie ,
Nuit et jour reste en son boudoir.
On voit le galant, la coquette ,
A l'hospice de la Santé ;
Et mainte pucelle , en cachette ,
Demeure à la Māternité.

Pauvre filou loge à Bicêtre,
Riche fripon dans un palais ;
A Charenton , logent peut-être
Moins de fous qu'ailleurs j'en connais ,
Mais lorsque je loge les autres ,
J'entends dire à certain frondeur :
Vainement vous faites des vôtres ,
A l'hôpital, mon pauvre auteur !

L'ÉLOGE DES BÊTES.

AIR : *On compterait les Diamans.*

Auteurs qui visez à l'esprit,
Craignez la censure ou l'envie !
Dans cette joûte l'on s'aigrit,
Et de soucis elle est suivie.
Chercher l'esprit convient aux sots ;
Souvent ils y perdent la tête :
La gaîté vaut tous les grands mots,
Qui fait rire n'est pas si bête !

Si Bobêche, pendant long-temps,
Des tréteaux conserva l'empire,
S'il fit courir petits et grands,
C'est que son air sot faisait rire.
En foule on entre chez Brunet,
Toujours le public lui fait fête :
Quel mérite a donc ce benêt ?
Celui de paraître une bête !

Un cadédis entreprenant
Aujourd'hui n'attrape personne ;
On sait deviner maintenant
Où vise son humeur gasconne.

A tromper, sans faire d'effort,
Si quelque Bas-Normand s'apprête :
Savez-vous comment il endort?
Mes amis, c'est par son air bête !

Les bêtes ont de grands talens :
Paris vit danser une chèvre ?
Et près de chiens, d'ânes savans,
On fait tambouriner un lièvre.
Singes, perroquets et chameaux,
Devant vous maint oisif s'arrête ;
Or, pour captiver les badauds,
Rien de tel que d'être une bête !

On voit arriver aux honneurs
Quantité d'animaux stupides ;
Plutus les comble de faveurs,
Quand le mérite a les mains vides.
Tel auteur chante une beauté
Dont quelque sot fait la conquête ;
Pour être heureux, en vérité,
Je le vois, il faut être bête !

COUPLETS BACHIQUES.

Air : *Mon système est d'aimer le bon vin.*

Bacchus sait charmer
Et fait aimer
Le plaisir de se voir sur la terre ;
Le verre à la main ,
Jusqu'à demain
Célébrons le puissant dieu du vin.

A mon avis , Adam fut un pauvre homme
D'irriter Dieu pour un chétif larcin ;
En vrai Normand , il convoita la pomme :
Passe, du moins , s'il eût pris du raisin.
Bacchus , etc.

Par la vertu de sa rare baguette,
D'un roc, Moïse a fait sortir de l'eau ;
Le peuple en boit , et néanmoins regrette
De ne pas voir jaillir du vin nouveau.
Bacchus , etc.

Le fils de Dieu mérite qu'on l'encense ;
Son coup d'essai me paraît tout divin :
C'est à Cana, pour marquer sa puissance ,
Qu'il sut changer de l'eau claire en bon vin.
Bacchus , etc.

Lorsque la foudre éclate sur la terre,
Que de peureux qui n'osent se montrer!
Mais un buveur craindrait-il le TONNERRE,
Quand dans son verre il peut le faire entrer.
       Bacchus, etc.

Avec sa flûte, on prétend que Mercure
Soumit Argus et l'endormit soudain;
Ovide a tort : un ancien livre assure
Qu'il l'endormit avec un broc de vin.
       Bacchus, etc.

Bacchus, amant de la jeune Érigone,
Sut peu charmer par son aspect divin;
Mais à ce dieu la belle s'abandonne
Dès qu'il se change en grappe de raisin.
       Bacchus, etc.

Piron, Collé, passaient leurs jours à boire,
Et l'on a d'eux les meilleures chansons,
Des Templiers si nous gardons mémoire :
C'est qu'ils buvaient comme de francs lurons.
       Bacchus, etc.

Dans un balon qui monte n'est pas sage;
Peut-on là-haut trouver un cabaret?

Avec plaisir je ferais ce voyage
Si dans les airs gratis on s'énivrait.
　　Bacchus, etc.

De nos guerriers, si la troupe transie
Aux champs du nord vit finir son destin :
C'est qu'au retour de la froide Russie
On n'avait pas un seul marchand de vin.
　　Bacchus, etc.

La vérité ne convient à personne,
Car dans un puits elle fut se cacher ;
Elle eut mieux fait de choisir une tonne ;
Les bon buveurs iraient tous l'y chercher.
　　Bacchus, etc.

Si le bonheur est fait pour les ivrognes,
C'est en buvant que nous serons heureux ;
Gaîment, ici, sachons rougir nos trognes ;
Levons le coude à la hauteur des yeux.
　　　Bacchus sait charmer
　　　　Et fait aimer
　　Le plaisir de se voir sur la terre ;
　　　Le verre à la main,
　　　　Jusqu'à demain
Célébrons le puissant dieu du vin,

MON RÊVE.

Un matin à Paphos, j'errais dans un parterre
Orné de mille fleurs que réservait l'Amour ;
Je tente d'en cueillir ; le dieu d'un air sévère
Me dit : N'y touche pas, elles sont pour ma cour.

Il allait me chasser ; je nommai Joséphine :
Alors en souriant il choisit une fleur ;
Mais quand je la reçois, une flèche divine
Suit de près le bouquet, et pénètre mon cœur.

Fuis, dit l'enfant cruel, j'ai puni ton audace.
Vers vous, sans l'écouter, je retournais content,
Quand à ce rêve heureux un prompt réveil fit place :
Je suis toujours blessé, vous cachez son présent.

CHARADE Ire.

Au piquet, un joueur désire mon premier,
On se casse les reins en risquant mon dernier,
Et l'on perd ses soldats à tenter mon entier.

(Le mot est à la fin de l'ouvrage.)

INVOCATION PENDANT SON SOMMEIL.

Air : *Petits oiseaux, le printemps vient de naître.*

Bruyans ruisseaux, enfans de la nature !
Qui vous jouez parmi les prés, les fleurs,
Cessez, cessez un imprudent murmure :
Laissez dormir la reine de nos cœurs.

Eloigne-toi zéphire téméraire ;
Gais rossignols, adoucissez vos chants,
Ardent Phébus, de ta vive lumière
Tempère un peu les rayons éclatants.

Par vos ébats, du fond de votre asile,
Tritons, dauphins, cessez de troubler l'eau ;
Mers calmez vous ! Eole sois tranquille !
Tout mon bonheur est là sous ce berceau.

Suspends ta lyre, harmonieux Orphée !
Chaste Diane, appaise tes chasseurs !
Comble mes vœux, ô paisible Morphée !
Prodigue-lui tes plus chères faveurs.

En son repos qu'elle est intéressante :
Amours malins respectez son sommeil ;
Laissez-moi seul m'énivrer de l'attente
D'un doux regard aussitôt son réveil.

CONSEILS A UN JEUNE RIMEUR.

D'un goùt qui vient de la nature.
Sachez profiter prudemment ;
La moindre faute défigure
Un sujet qui serait charmant.

Sans cadence un vers ne peut plaire
Par ses pieds on doît le compter ;
La pensée est vive et légère,
Mais il faut savoir la dompter.

Ne courez pas après la rime ;
Respectez les règles de l'art,
Et telle ardeur qui vous anime,
Gardez-vous d'en mettre à l'écart.

Phébus a ses lois, son empire ;
J'en connais un joli tableau ;
Pour l'apprécier il faut lire
L'art poétique de Boileau.

RESTEZ TOUJOURS ICI.

Air : *Déguisez-vous.*

Vous qui pillez les vers des autres ,
Et nous dites qu'ils sont les vôtres ;
Griffonneurs tristes et jaloux !
    Retirez-vous. (*bis.*)
Mais vous , auteurs , qu'amour inspire ,
Dont Bacchus accorde la Lyre ,
Qui n'empruntez rien chez autrui.
    Restez toujours ici. (*bis.*)

Vous qui singez de l'Angleterre
Les modes , le ton , la manière ,
Qui semblez étrangers chez nous :
    Retirez-vous.
Ennemis de l'Anglomanie
Qui riez des mœurs , du génie
D'un Lord en habit rétréci :
    Restez toujours ici.

Mondors que l'orgueil rend si bêtes !
Grands de biens , mais petits de têtes ,
Qui croyez valoir plus que nous :
    Retirez-vous.

AMBIGU.

Philosophes qu'on voit sans cesse
Malgré vos rangs , votre richesse
Du faible vous montrer l'appui :
    Restez toujours ici.

Vous que l'avarice domine !
Qui n'avez ni feu ni cuisine ;
Financiers ladres et grigous :
    Retirez-vous.
Cœurs guidés par la bienfaisance,
Hommes , soutiens de l'indigence,
Qui savez aider un ami :
    Restez toujours ici.

Mesdames ! vous dont la présence
Sait doubler notre jouissance,
Craignez peu qu'on dise chez nous :
    Retirez-vous.
Momus , Bacchus aimaient les grâces,
Nous voulons marcher sur leurs traces ;
Pous vous bien fêter nous voici :
    Restez toujours ici.

LES OREILLES.

Air : *de M. Vautour.*

Deux yeux sont un bel ornement ;
Un nez va bien à la figure ;
Teint frais convient assurément
Sous une brune chevelure.
Bouche de rose et blanches dents,
Joli menton, lèvres vermeilles ;
Mais que seraient ces agréments
Si l'on n'y joignait les oreilles ?

Que peut espérer l'indigent
Si le riche ferme l'oreille ?
A l'avare parlez d'argent,
Vîte son oreille s'éveille.
Si l'on en croit tel ferrailleur,
Ses faits d'armes sont des merveilles ;
Par fois s'il manqua de valeur
Ce fut pour sauver ses oreilles.

On sait que de l'oreille au cœur
L'amour se pratique un passage.
Du musicien, de l'auteur
L'oreille doit juger l'ouvrage.

AMBIGU

Vingt opéras mal-amenés
A l'ouverture font merveilles ;
Pourquoi ces sifflets déchaînés ?
Rien.... le parterre à des oreilles.

Maint critique aux oreilles d'ours,
Sans raison approuve ou condamne ;
Combien de docteurs de nos jours
Pour partage ont l'oreille d'âne !
Si pour blâmer ces couplets-ci
Quelque dur censeur se réveille,
Afin d'en avoir moins souci
Je vais faire la sourde oreille.

———

A MADEMOISELLE N***.

Vous me demandez le portrait
De la bergère que j'adore :
Le tracer serait indiscret,
Dire son nom bien plus encore.
Mais si vous en désirez voir,
Les beaux yeux, la taille charmante,
Interrogez votre miroir,
Il vous l'offrira ressemblante.

UN PARVENU, PEINT PAR LUI-MÊME.

Air : *Nos bons ayeux aimaient à boire.*

Chacun vante mon caractère,
Mes biens, mon esprit, mon savoir ;
Toujours j'ai le secret de plaire,
On m'admire, on aime à me voir.
Les bons mots sortis de ma tête
Sont trouvés piquans, vifs, heureux ;
Aussi me dit-on qu'une bête....
Une bête et moi..... c'est bien deux.

Mes amis me font bonne mine,
Chez moi point de mauvaise humeur.
Chacun content de ma cuisine
Approuve mon goût et mon cœur.
Tous les jours on voit sur ma table
Vingt mets choisis et délicats ;
Pour la rendre plus agréable :
Tant d'invités autant de plats.

On vante Virgile et Sénèque ;
J'ai des ouvrages plus nouveaux ;
On voit dans ma bibliothèque
Bourgogne, Champagne et Bordeaux.

Mes auteurs sont mis en bouteilles ;
Et sur chacun il est écrit !
Seuls nous produisons des merveilles
Puisque nous pétillons d'esprit.

Par l'art de la gastronomie,
J'ai le suffrage des savans ;
Je connais peu l'astronomie,
Mais j'ai l'almanach des gourmands,
Mon fils, héritier de ma gloire,
Voudrait, le fait est bien certain,
Me voir au temple de mémoire
Plutôt aujourd'hui que demain.

ÉPIGRAMME.

Mondor chez Delaunay, de livres fait emplettes ;
Il entasse au hazard Fréron, Vadé, Boileau ;
Voltaire et Massillon sont placés de niveau,
Il orne son esprit de leurs œuvres complettes.
Présent à ce mélange érudit et nouveau,
Je crus voir un aveugle acheter des lunettes.

A LA SECONDE RENTRÉE DU ROI,

AIR : *Vive Henri ! Vive Henri !*

Elles vont cesser nos alarmes,
Louis, pour la seconde fois,
Tarit la source de nos larmes,
Et nous rend le meilleur des rois.
La France en délire
Chante et répète ainsi que moi :
On est heureux sous son paisible empire,
Vive le Roi ! vive le Roi !

Pleure ton erreur passagère,
Sujet un moment égaré ;
Ne crains pas les regards d'un père ;
Du bon LOUIS-LE-DÉSIRÉ.
Reprends espérance,
Tu peux reposer sur sa foi ;
Tombe à ses pieds et chante avec la France :
Vive le Roi ! vive le Roi !

A l'instar de la capitale,
Réjouissez-vous, ô Français !
Que l'allégresse générale
Proclame Louis et la paix,

Dans ma douce ivresse,
Apollon n'est plus rien pour moi,
Et je ne puis que redire sans cesse :
Vive le Roi ! vive le Roi !

——

LE MÉRITE DE DAMIS.

Oui, j'admire Damis, et certes j'ai raison.
Ce n'est point pour ses vers que le succès couronne ;
Non plus parce qu'il sort d'une illustre maison.
C'est donc pour ses vertus, son esprit, ses mœurs ? Non.
C'est que Damis a pris pour femme une dragonne,
Et qu'en moins de quatre ans il sut la rendre bonne.

——

CHARADE II.

Alexandre, vainqueur, parut sur mon premier ;
Un oiseau des forêts, voleur par caractère,
Modèle des bavards, compose mon dernier ;
Et dans les hôpitaux, mon tout est nécessaire.

(Le mot est à la fin de l'ouvrage.)

LES DIFFÉRENS PARADIS.

AIR : *Quand l'amour naquit à Cythère.*

On donne l'espérance aux hommes
D'un paradis après leur mort,
Où, bien mieux qu'aux lieux où nous sommes,
On jouira d'un heureux sort.
Mahomet l'orne de pucelles,
C'est sans doute un présent divin ;
Mais comment bien fêter ces belles
Si l'on doit renoncer au vin ?

Que dirons-nous de l'Elysée ?
Là, sous les plus rians bosquets,
Une ombre indolente et blasée
S'amuse à cueillir des bouquets.
Seul, on dort sous un vert bocage,
On jase pour tuer le temps ;
Ce séjour est celui du sage,
Mais non pas celui des amans.

Le dernier que fort on renomme,
C'est notre Paradis chrétien ;
Mais là que peut faire un pauvre homme
Qui de la gamme ne sait rien ?

On célèbre en chœur les merveilles
Et les bienfaits du Tout-Puissant :
Irai-je aux divines oreilles
Faire entendre mon triste chant ?

Mes bons amis, c'est sur la terre
Que je trouve le paradis :
Je le vois au fond de mon verre
Quand de son nectar je suis gris.
Je vois l'Olympe chez Julie
Quand je dois voler dans ses bras.....
Plaisirs d'en-haut je vous oublie
Pour goûter tous ceux d'ici-bas.

JÉRÉMIADE.

Ah ! puissiez-vous pour moi modérer vos rigueurs,
En voyant cette rose, ô beauté trop rebelle !
Si deux jours l'ont fait naître et devenir si belle,
C'est qu'en pensant à vous, je l'arrosai de pleurs.

NE PRENEZ PAS TOUT A LA LETTRE.

AIR : *Rions, chantons, aimons, buvons.*

Choisir un mot et le chanter
Voici la nouvelle méthode ;
Croira-t-on que je veux tenter
D'être un écrivain à la mode ?
La rime jointe à la raison
En ce jour j'ose vous promettre ;
C'est beaucoup pour une chanson :
NE PRENEZ PAS TOUT A LA LETTRE.

Écoutez ce fier Bordelais
Qui se prodigue des caresses,
Il ne vous parlera jamais
Que de son bien, de ses maitresses.
Demandez-lui s'il a du cœur :
— Sandis ! bous débez mé connaître....
Je suis riché, novlé, sans peur :
NE PRENEZ PAS TOUT A LA LETTRE.

Voyez à vos pieds cet amant,
Gentille et crédule Sylvie ;
Il jure qu'il sera constant
Et vous chérira pour la vie.

AMBIGU

Son air , ses soupirs sont un jeu
Que le temps vous fera connaître;
Et quoiqu'il paraisse être en feu
NE PRENEZ PAS TOUT A LA LETTRE.

Quand le journal blâme un écrit,
Quand la coquette se dit sage ,
Quand un sot vante son esprit ,
Quand une femme dit son âge ,
Quand un grand veut la liberté ,
Quand un valet flatte son maître ;
Malgré leur air de vérité :
NE PRENEZ PAS TOUT A LA LETTRE.

IMPROMPTU.

Vous vous fâchez pour un baiser
Qu'en badinant j'ai su vous prendre;
Le moyen de vous appaiser
Serait-il pas de vous le rendre ?

PÉTITION A M. DE RANCOGNE.

Daignez m'excuser si j'ose,
D'auteur singeant les travers,
Au lieu de supplique en prose
Vous l'offrir en chétifs vers.

Sans me targuer d'imiter
De tel écrivain la grâce,
Franchement vais raconter
Comment je languis sans place.

Déjà j'atteignais quinze ans
Quand je quittai mes parens;
Lors, sachant à peine écrire
Et les adresses mal lire,
Certain administrateur
Fut mon premier protecteur.
Il m'envoie en Italie,
A Milan, ville jolie;
Lettres trier et caser.
Mars ayant su s'appaiser,
Des contrôles on m'efface;
Puis en Prusse on me replace.
Là je vis nos vaillans preux
S'escrimer à qui mieux-mieux.
De là je passe en Espagne,
En Autriche, en Allemagne

Pays pas trop satisfaits
De l'amitié des Français.
Bref, des nôtres en Russie
Je suis la troupe transie,
Resté parmi les derniers,
Nous fûmes tous prisonniers.
Ah, combien le froid, les glaces
Provoquèrent mes grimaces,
Et qu'alors de tout mon cœur
Je maudis notre Empereur !
Enfin, après mille peines,
Louis fait tomber nos chaînes ;
Aussi du meilleur aloi
Je criai : vive le Roi !

    L'an mil huit cent quatorzième
L'on me condamne au carême,
Car je fus remercié.
Disons mieux : licencié.
Loin que dix ans de service
Me fussent un droit propice,
On m'imputait comme un tort
D'avoir servi le plus fort.
Certes, il eût mieux valu
Si nos chefs l'avaient voulu
Que l'on m'ait dès mon enfance
Mis dans les bureaux de France ;

Mais avais-je le loisir
De commander et choisir?
  Dans une simple requête
Qui me sortit de la tête,
Vite à monseigneur Ferrand,
Mis chez nous au premier rang,
Je lance ma jérémiade
Et lui montre mes chansons
A la gloire des Bourbons.
Sur moi jetant une œillade,
Il me dit : « Vos sentimens
Sont d'un employé fidèle;
Jeune homme! doublez de zèle,
Vous ne serez pas long-temps
Sans en avoir récompense ! »
Dans mon âme l'espérance
Devait renaître à ces mots;
Mais le moteur de nos maux
Revient troubler ma patrie.
Pour contenir sa furie
Et sauver notre bon Roi,
Toute l'Europe en émoi
S'ébranle... Aux projets du Corse
Donne une terrible entorse.
  Ne pensez pas qu'en ce temps,
De nos guerriers imprudens

L'on me vit suivre la trace ;
Non, je refuse une place.
Au mont Saint-Jean, sans regrets,
Je laisse aller nos Français,
Et pour n'être pas leur homme
Je vais chanter à Vendôme.
Là, commis du Sous-Préfet,
Vrai royaliste d'effet,
Je le vis, avec constance,
Faire pencher la balance,
Et les cœurs pour nos Bourbons.
« Enfin nous les revoyons ; »
De leur retour je fus aise.
    Arrive mil huit cent seize.
Muni de certificats
Que je ne quémandai pas,
Je pars à pied de ma ville
Pour, au marquis d'Herbouville,
Offrir mes faibles talents.
Hélas, que les jours sont lents
Pour l'employé qui postule !
On l'endort, on le recule
Alors qu'il pense tenir.
Je vivais donc d'avenir,
Fier de mon droit ostensible
Mais le destin trop nuisible

Me réservait chaque jour
Force eau-bénite de cour.
Pourtant notre chef traitable,
Me jugeant assez bon diable,
Disait aux premiers commis :
Placez-le, je l'ai promis.
Monsieur Jacquesson, lui-même,
Vit ma face pâle et blême
Dans le corridor étroit
Qui conduisait à son toit.
J'étais en son antichambre
De janvier jusqu'en décembre.
Tandis qu'ainsi baloté,
Mort de faim, sec et crotté,
J'allais d'Hérode à Pilate,
Le diable d'un coup de patte
Change tout en un moment ;
Mon protecteur suit le vent.
De ce temps le ministère
Fait quatre pas en arrière,
Tombe sans revenez-y.
Pour lors monsieur de Mezy
Entre à la poste, et par là
Tout mon espoir s'envola.
    Ah ! pauvre solliciteur,
    C'est bien jouer de malheur !

AMBIGU

Que faire dans ta détresse!
Au nouveau patron j'adresse
Placets, pétitions, vers,
Tournés assez de travers;
En pestant au fond de l'âme,
Je lui détonne ma gamme.
Ce chef donc pour me placer
M'ayant bien fait confesser,
Convint que c'était justice
D'empêcher que je pâtisse.
Il me promit.... c'est si peu.
Que promettre n'est qu'un jeu;
Mais un guignon plus qu'étrange
Permet qu'encore on le change.
    Et de quatre! c'est trop fort!
Vit-on jamais un tel sort?
Une infortune pareille
Tient vraiment de la merveille.
Pour me venger de ce trait,
Croira-t-on ce que j'ai fait?
J'ai chanté le Prince auguste,
Magnanime autant que juste,
Qui, trois fois sans le savoir,
Avait détruit mon espoir.
    Tout autre en cette occurrence
Aurait perdu patience

De la mienne l'on sourit,
Chacun dit : « Tu perds l'esprit ;
Ta pauvre muse s'enrhume.
Quoi depuis six ans ta plume
Célèbre sans se lasser
Gens si lents à te placer ?
Crois-nous, change de figure,
Ta fortune sera sûre :
Chante les sanglans héros,
Les cabaleurs libéraux,
Et ces ex-bonapartistes
Exaltés philosophistes. »
En dépit des conseilleurs
Qui ne sont pas les payeurs,
Je méprisai leur semonce
Et dis, pour toute réponse :
Est-ce la faute du Roi
Si nul chef ne songe à moi ?
Je veux encenser mon Prince
Malgré que chacun m'évince.
Le bon monsieur Delatour
Prétend que viendra mon tour
D'obtenir une existence,
Fruit de six ans de constance,
Et que mes certificats
Dans l'oubli ne seront pas.

AMBIGU

Il en est bien temps, j'avoue,
Car de moi le sort se joue;
Puissé-je rire de lui,
Comme il le fait aujourd'hui!
    O vous, dont le cœur sensible
Est, à chacun, accessible !
O digne Administrateur !
Dès que lirez ma supplique
Qui sent peu la philippique,
Devenez mon protecteur;
Prenez souci d'indigent
Grand de cœur, petit d'argent.
Fort d'aimer la bonne cause,
Je vois tout couleur de rose.
Si j'obtenais un emploi,
Serais content, plus qu'un Roi;
A Paris, ailleurs, n'importe
Pourvu qu'on m'ouvre la porte.
    Si je parais faible auteur,
Permettez-moi la riposte :
Je suis jeune rimailleur,
Mais vieux commis de la poste.

LE PETIT MARCHAND DE HANNETONS.

AIR : *C'est l'amour, l'amour, etc.*

Et d'z'hann'tons, d'z'hann'tons, d'z'hann'tons,
          De belle sorte j'apporte ;
          Pour un yard j'vous en vendrons
          Dans toutes les saisons.

          Mes amis j'suis enfant d'ma mère,
          Cuisinière d'un chiffonnier,
          Pour ne pas rester sans rien faire
          Comme eux j'viens de prendre un méqui'
          De quatorze ans j'ai l'âge,
          Et déjà j'débutons
          Par un apprentissage
          Dans l'commerce d'hann'tons.
Et d'z'hann'tons, etc.

          Grâce à moi not' Paris fourmille
          D'biaux z'hann'tons qui font des petits ;
          Y sont teurtous comme en famille,
          J'en r'trouve dans chaque logis.
          J'en vois daus l'z'antichambres
          De nos grands en crédit ;

J'en ai parmi les membres
Du magasin d'esprit.
Et d'z'hann'tons, etc.

J'ai d'z'hann'tons prudes et coquettes,
Qui décorent de grands salons;
D'autres qu'on appelle grisettes,
Qu'attrapont de vieux papillons.
Au palais de justice
Salle des pas perdus,
Plus d'un hann'ton se glisse
Pour laisser ses sous.
Et d'z'hann'tons, etc.

J'en rencontre dans plus d'un temple
Qui pour gagner le paradis,
Aux saints voudraient donner exemple
Et faire jeûner tout Paris *
Dans un jeu de roulette
Combien j'ai de hann'tons !
Et l' soir à la guinguette
J'en trouve par p'lotons.
Et d'z'hann'tons, etc.

*. Ce couplet n'est pas fait dans l'intention de blâmer les pratiques de la RELIGION; mais seulement un excès de zèle que l'Eglise elle-même, condamne.

Mes gros z'hann'tons sont d'Picardie,
Ceux indolens sont Champenois;
Les chicaneurs sont d'Normandie,
Les plus têtus sont nés Brestois.
   Des bords de la Garonne,
   Hâbleurs, fiers quoique gueux;
   Paris aussi m'en donne,
   Mais un seul en vaut deux.
Et d'z'hann'tons, etc.

J'ai d'z'hann'tons v'nus de la Provence
Qui coupent la branch' vers le tronc;
La Franch'-Comté donne naissance
A celui qu'est bête et poltron.
   J'en reçois d'la Lorraine,
   Vrais ladres et caffards;
   D'Orléans, par centaine,
   M'en vient d'sots et braillards.
Et d'z'hann'tons, etc.

Malgré que mes z'hann'tons de France
N'soient pas sans réputation,
Y n'y sont pas en abondance
Comme au bon pays d'Albion.
   Vive aussi l'Allemagne
   Pour en fournir de gras!

AMBIGU

L'Italie et l'Espagne
En ont dont je n' veux pas,
Et d'z'hann'tons, etc.

Mes amis, j' voudrais ben vous dire
Dans mon sac tout c' qui peut s'entrer
Mais pendant que je vous fais rire
Queuq' rancune me f'rait pleurer.
Tel pourrait s'reconnaître
Et pour prix d' mes chansons,
Saurait m' rendre, peut-être,
Le plus sot d' mes z'hann'tons.
Et d'z'hann'tons, d'z'hann'tons, d'z'hann'tons
De belle sorte j'apportes
Pour un yard j' vous en vendrons
Dans toutes les saisons.

A MADAME N***, EN LUI ENVOYANT UN CORNET DE
DRAGÉES QU'ELLE M'AVAIT GAGNÉ PAR SUITE D'UN PARI.

Hier au passage Feydeau,
J'ai fait cette modeste emplette;
Ce serait peu pour un cadeau,
Mais tout pour acquitter ma dette.
S'il fallait payer à leur tour,
Vos bontés par des friandises,
Le confiseur, en un seul jour,
Débiterait ses marchandises.

ODE A BACCHUS.

Loin de nous les filles du Pinde
Et ce buveur d'eau de Phébus !
Chantons le Dieu vanté dans l'Inde :
Joyeux lurons, chantons Bacchus !
C'est lui que j'invoque à mon aide ;
A son doux empire je cède ,
Que le vin coule à gros bouillons,
Buvons, buvons à perdre haleine,
Qu'Erigone, Bacchus, Sylène,
Dictent mes vers et vos chansons.

Par ce nectar que tout s'embrâse !
Accourez buveurs rubiconds,
Que vois-je ? Où suis-je ? Quelle extase !
Un vin pur colore vos fronts,
Vingt figures enluminées,
Trente bouteilles décoiffées
Vos mains font partir les bouchons ;
Le divin liquide s'échappe,
En passant il rougît la nappe ;
Nos verres sont pleins...... nous buvons.

Restez ici jeunes bacchantes ,
Que le pampre orne vos appas ;

De Bacchus, prêtresses charmantes,
Dans son temple guidez nos pas;
A l'envi suivez notre exemple,
Que jour et nuit on vous contemple
Vos coupes et le thyrse en main,
Pour autel, ayons une table.
Et que le nectar délectable
Exhale son encens divin.

Quoique plus gueux qu'un rat d'église,
Pourvu que mon verre soit plein,
Qu'une fois par mois je me grise,
Je ris du trop cruel destin.
Grands de la terre en mon ivresse
Je prise peu votre richesse,
Vos coupes d'or et de vermeil;
Et lorsque je remplis mon verre,
Que je vuide ma gourde entière,
Mon plaisir au vôtre est pareil.

Que l'eau vous charme, vous réveille
Pauvres avares, froids dévots!
Rien ne vaut le jus de la treille,
Je veux l'entonner à grands flots,
Soliman réduit tout en cendre,
A ses lois chacun vient se rendre;

L'Asie obéit au vainqueur.
Bacchus paraît : le Turc austère
Gronde, s'appaise, tend son verre....
Mon héros n'est plus qu'un buveur.

Histoire sainte tu fourmilles,
De buveurs, enfans de Noé ;
Le vieux Lot trinque avec ses filles,
Hérode boit chez Salomé.
Du fils de Dieu lisez la vie :
A Cana sa table est servie
D'un vin comme on n'en trouve plus ;
Enfin du Tibre jusqu'au Gange,
Tout mortel aime la vendange
Et rend hommage au Dieu Bacchus !

Mais regardez la cour céleste,
Les Dieux y sont à notre instar ;
Jupiter n'est jamais en reste
Quand il savoure le nectar.
Voyez dans un coin Ganimède
Comme au plaisir de boire il cède,
En servant il va de travers.
Amis ! jouons farces pareilles
Et vidons si bien les bouteilles
Que nos esprits soient à l'envers.

Voyez ce joyeux Aristote
Dont l'on vante l'esprit divin,
Un jour il vendit sa culotte,
Pour acheter un broc de vin,
Diogène, gourmet stoïque,
Aima tellement la barique
Qu'il en prit une pour logis,
Quand Lucullus n'avait personne,
Il n'en fêtait pas moins la tonne,
Et buvait pour tous ses amis.

Redouble donc ton injustice
Sort aveugle, sort rigoureux !
Je peux rire de ton caprice,
Bacchus m'enivre de ses feux,
Nargue du temple de mémoire,
Je ne veux vivre que pour boire,
Par mon gosier, bon vin passez,
Que le buveur d'eau me déteste,
Peu m'importe, un flacon me reste,
Je verse.... je bois.... c'est assez,

MA CONFESSION
SUR LES SEPT PÉCHÉS CAPITAUX.

Air : *C'est à mon maître en l'art de plaire.*

Croirais-tu, ma charmante amie,
Que j'ai manqué depuis un mois
Plus encor qu'en toute ma vie ?
J'ai fait six péchés à la fois.
Quand tu réponds à mon sourire
Je me crois à l'instar des Dieux,
Et dans mon amoureux délire
De t'aimer je suis ORGUEILLEUX.

Si dans nos jeux par pénitence
On te dérobe un seul baiser ;
Jaloux de cette préférence,
Je voudrais qu'on dût s'en passer.
Mainte fois, j'ai la fantaisie
De blâmer ce plaisir banal ;
Or, on concevra que L'ENVIE
Devient mon péché capital.

Dès qu'un rival prétend te plaire
J'en ressens un cruel dépit ;
Je m'abandonne à la COLÈRE
Et dévore ce qu'il te dit.

Toujours je crains son éloquence,
En amour ne fût-il qu'un sot;
Et dans ma colère je pense
Qu'il charme alors qu'il ne dît mot.

Quand sur ta bouche à demi-close,
Je vois voltiger le plaisir,
D'un autre grand péché la cause
Se trouve en mon ardent désir:
Je suis enclin à L'AVARICE,
Et lorsque d'un baiser brûlant
Tu me fais le doux sacrifice,
Sitôt j'en redemande autant.

Je pèche aussi de GOURMANDISE;
Je la fais siéger dans mes yeux:
Toi seule es pour mon ame éprise
L'objet le plus délicieux.
Près de toi mon regard dévore
Ta main, ta bouche et mille attraits,
Mais plus GOURMAND je suis encore
Des trésors que l'amour a faits.

Jamais je ne sens de PARESSE
Lorsque je vole auprès de toi;
S'il faut te prouver ma tendresse,
La PARESSE est bien loin de moi.
Mais si quelque devoir m'appelle

Loin du tendre objet de mes vœux,
Moins empressé, toujours fidèle,
Dès-lors je deviens PARESSEUX.

Pour le septième, je t'assure
Que je ne dois pas m'excuser,
Tu sais m'inspirer flamme pure,
Mais nul désir de t'abuser.
O toi, mon bonheur et ma vie
Vois un ami dans ton amant;
Sur mes feux, aimable Sylvie !
Sait l'emporter le sentiment.

LE POLTRON ÉCHAUFFÉ.

CONTE.

Le prieur d'un couvent d'Espagne
Entendant résonner les canons ennemis,
Pour ne pas entrer en campagne,
Dans son four, encore chaud, prudemment s'était mis
Roussi, grillé, pendant une grande heure
En ce cachot le bon moine demeure.
Pedro ! sont-ils passés ? — Oui, sortez de ce lieu.
Répond le serviteur au ministre de Dieu.
De par saint Jean ! reprend son vaillant maître,
Que la chaleur pensa presque étouffer,
Qu'ils ont bien fait, ami, de disparaître :
Je commençais vraiment à m'échauffer !

Chargé par vous de travailler
Sur les fruits de votre pensée,
Peut-être allez-vous me railler
Et dire : critique est aisée.
N'en voulez pas au jeune auteur,
Qui pour châtier votre muse,
Vient de s'ériger en censeur ;
Votre ordre sera son excuse.
Moins surpris que charmé de les voir si jolis,
J'ai pensé que vos vers avaient droit de paraître ;
Daignez me pardonner si je les ai polis
Pour faire apprécier tout l'esprit de leur maître.

CHARADE III.

L'ambitieux court après mon premier,
Puis à regret, voit venir mon dernier,
Et ses beaux jours ne sont que mon entier.
(Le mot est à la fin de l'ouvrage.)

CHARADE IV.

Ouvrière et joueur emploient mon premier,
En haut de chaque mont se trouve mon dernier,
Et qui n'a que deux sous possède mon entier.
(Le mot est à la fin de l'ouvrage.)

L'OISELEUR ou OISELIER.

AIR : *Venez, venez dans mon parterre.*

Venez, venez dans ma boutique,
Je suis un très-bon oiseleur ;
Selon le goût et la couleur
Je sais vendre à chaque pratique.
J'ai l'aigle pour l'ambitieux ;
Pour tous les bavards j'ai la pie ;
La tourterelle aux amoureux ;
Le perroquet (*ter.*) pour qui m'ennuie.

Toujours j'ai gardé la fauvette,
A femme changeante en amours.
Le paon aux marquis de nos jours,
Pour les fripons j'ai la chouette.
Au célibataire un coucou,
Le geai pour l'auteur plagiaire ;
Au misantrope, le hibou,
Le rossignol (*ter.*) à qui sait plaire.

Thémis permets que je destine
Le vautour à tes noirs suppôts.
J'accorde le dindon au sots,
Et la colombe à ma voisine.

Un serin jaune aux vieux maris,
Aux débiteurs j'offre la caille,
Je donne un pinson mal appris,
A l'ignorant (*ter.*) qui toujours raille.

J'ai chez moi pour les bonnes mères,
L'oiseau qu'on nomme pélican.
Je laisse l'autruche au gourmand
Le corbeau pour les gens d'affaires.
Pour chacun j'aurai du nouveau;
Chez moi vous pouvez faire emplette,
Je n'ai réservé qu'un oiseau :
Le merle blanc (*ter.*) pour ma Lisette.

LA BERGÈRE EXIGEANTE.

AIR : *Femme qui voulez éprouver.*

On prononce le mot amour
Sans trop savoir ce qu'il veut dire,
Ce sentiment dans son beau jour,
Pourrait seul causer mon délire.
Dans le piége pour m'engager,
Lucas, avec feu, dit je t'aime!
Ces mots sont un souffle léger
Qui naît et meurt à l'instant même.

Je crains d'amour les feux brûlans,
Je fuis leur séduisante ivresse ;
L'homme accorde tout à ses sens
Et rien à la délicatesse.
Je suis cruelle, me dit-on ;
Mais qu'on me montre un berger tendre
Qui puisse aimer comme Platon,
Alors nos cœurs sauront s'entendre.

Si le désir vient l'embrâser
Je veux qu'il soit soumis et sage,
Et si je lui donne un baiser,
Qu'il n'exige pas davantage.
L'amant discret qui sait jouir
D'un pur amour dans son enfance,
Toujours espérant le plaisir,
A le plaisir de l'espérance.

Je veux qu'il trouve le bonheur
Dans l'expansion de nos âmes,
Qu'il sache déguiser l'ardeur,
Et, d'amour, les fougueuses flammes.
Je veux dans ses bras amoureux
Sans crainte rester enlacée ;
A mes côtés, enfin je veux
Qu'il soit heureux par la pensée.

UN ÉPOUX, LE JOUR DE SON MARIAGE.

AIR : *Des compagnons du voyage.*

Richesse, honneurs, plaisirs, gaîté,
Peuvent charmer l'humaine espèce ;
Que seraient-ils, dans la jeunesse,
Si l'on n'y joignait la santé ? (bis.)
Mais à la ville, à la campagne,
Tous ces biens ne suffisent pas ;
Et fût-ce au pays de Cocagne, (bis.)
L'homme y trouverait moins d'appas
S'il n'avait pas une compagne. (bis.)

On dit que pour bien la choisir (?)
Il faudrait parcourir la terre ;
Mais quelque vieux célibataire
Aura fait ce conte à plaisir.
Pour moi, sans battre la campagne,
Ni du nord au midi courir,
Voyez quel bonheur m'accompagne !
Dans Paris j'ai su découvrir
La plus séduisante compagne.

Loin d'imiter de maint écrit
Les mots pompeux et l'élégance,

Pour guide je prends la constance,
Et l'amour me tient lieu d'esprit.
Quand vers la divine montagne
Je vois gravir tous nos auteurs,
A ce métier si peu l'on gagne,
Que sans implorer les neuf sœurs
Gaîment je chante ma compagne.

Ah! si je consulte mon cœur,
Combien j'aimerai mon amie!
Oui, je dois voir couler ma vie
Entre l'amour et le bonheur.
En sablant Bourgogne ou Champagne,
Puissé-je encore dans soixante ans,
Retiré dans une campagne,
Célébrer avec mes enfans
Le jour où j'obtins ma compagne.

—————

LE LIMAÇON ET LA CHENILLE.

FABLE.

A quoi sert? disait la chenille
    A certain limaçon,
De vous cloîtrer d'aussi sotte façon
    Dans votre ennuyeuse coquille?

En vérité, le ciel n'y pensait pas
Quand il vous fit cette triste maxime,
Sans la traîner vous n'osez faire un pas,
C'est une erreur de l'antique nature.
Bien plus que vous la nature eut raison,
Dit l'escargot à la dame railleuse :
Elle a rendu ma destinée heureuse.
Rien de plus cher que ma simple maison;
Lors des frimats, elle est mon seul refuge,
J'y brave en paix et chaleurs et déluge.
   Aux douceurs de la liberté
   Je préfère ma sûreté.
En s'étalant, l'indiscrète commère
Riait tout bas de ses sages raisons,
Et se jouant de diverses façons,
Raillait son lourd et tranquille adversaire
   Qui, Diogène nouveau,
   N'osait sortir de son tonneau.
Mais tout-à-coup l'atmosphère se couvre,
L'aquilon souffle, un nuage s'entr'ouvre
Et de grêlons blanchit les alentours;
Or, des rivaux finirent les discours.
Le limaçon rentra dans sa coquille.
Point n'en fut onc pour la pauvre chenille,
Qui reconnut à son dernier soupir :
Qu'utilité passe avant le plaisir.

LE COQ, LE COCHON ET LA BREBIS.

FABLE IMITÉE DE L'ESPAGNOL.

Un coq, non d'Inde, un gros et gras cochon,
Dont tout bon Juif n'use pas, nous dit-on,
Par cas fortuit ou pour raison peut-être,
Que pourrait mieux nous expliquer leur maître,
Sous même toit se trouvaient réunis.
Chaque habitant vivait à sa manière,
Lorsqu'un beau jour arrive en leur tanière
Hôte nouveau : c'était une brebis.
Cet animal, doux, facile à former,
A ses voisins va bientôt s'informer
Comment on vit dans leur humble chaumière.
« Fi ! dit le coq : Fi ! de notre compère
Qui tout le jour se vautre dans ce coin !
De vous lever grand matin ayez soin,
C'est le moyen de jouir de la vie. »
Coq pérora tant qu'il lui prit envie
Pour démontrer, par plus d'une raison,
Que vigilance est toujours de saison.
A chaque mot, la crédule pauvrette
Disait tout bas : sa morale est parfaite,
Or, je promets de suivre incessamment
Ses bons avis. Après remercîment,

Vers le cochon elle se rend de suite,
Pour completter son honnête visite.
Dom Górinos, sitôt qu'il l'aperçoit,
Sur son fumier se lève et la reçoit.
Après saluts et complimens d'usage,
Sur divers points on discute, l'on s'engage;
Lors Gorinos exalte le bonheur
De bien manger et dormir de grand cœur.
En quelques traits, de sa philosophie
Comme un pourceau fit peinture jolie !
Bref, prétendit qu'il faut pour être heureux
De ce qui plaît s'en donner jusqu'aux yeux.
C'était pour lui la règle sans seconde,
N'ayant souci d'autre chose en ce monde.
Dame brebis, confuse à ce discours,
Pour se conduire, aux deux n'eut plus recours;
Elle jugea que le sage lui-même,
A tort ou non, préfère ce qu'il aime.

CHARADE V.

L'homme est très-indigent, s'il n'a pas mon premier,
Quand l'hiver nous surprend, j'aime peu mon dernier;
Et sons vos yeux souvent, vous voyez mon entier.

(Le mot est à la fin de l'ouvrage.)

POT-POURRI

Où les lettre le plus en usage sont exclues.

COUPLET SANS A.

Air : De la gaze.

Que de mots ne sont plus permis ;
Célestine veut m'y restreindre.
Quoique je sois tendre et soumis,
Ses lois, je voudrois bien enfreindre.
Ici, comment puis-je exprimer
Ce qu'il m'est défendu d'écrire ?
Pour employer le verbe M. E.
Ces deux lettres vont me suffire.

SANS E.

Air : Du roi Dagobert.

Apollon aujourd'hui
Moins qu'amour paraît mon appui.
Au but, sans nul art,
J'irai par hasard.
Qu'on soit satisfait
D'un travail mal fait,
Voilà tout mon souci ;
Mais bon ou mauvais m'y voici.

SANS I.

AIR : *Vénus a donc quitté Cythère.*

Comment chasser cette voyelle,
Et l'exclure de tous les mots?
C'est par cette épreuve nouvelle
Que l'on jugera mes travaux.
Dans une route trop peu sûre
J'appréhende de m'arrêter;
Pourtant je mets à la torture
Ma verve pour te contenter.

SANS L.

AIR : *A voyager passant ma vie.*

Daigne pardonner à ma muse
Ses écarts, sa témérité;
Ne pense pas que je m'abuse,
Je connais mon sort mérité:
J'aurai, pour prix de ma jactance,
Juste critique des censeurs;
Mais je m'y prépare d'avance
Et ne crains rien de ces grondeurs.

SANS M.

AIR : *Guerman ne connaît plus d'obstacles.*

Ce n'est pas que je les insulte,
Des savans je connais le prix,

D'Apollon respectant le culte,
En eux je vois ses favoris.
Célestine, j'ai voulu dire
Que ces vers faibles, sans éclat,
Sont à l'abri de la satire,
Des censeurs et du plagiat.

SANS N.

AIR : *Hommes jaloux d'une puissance.*

Que cette lettre, chère amie,
Est peu favorable aux amours.
Captivé, près de toi j'oublie
Que tu veux l'employer toujours.
Des deux côtés elle est première
Du mot qui s'oppose à mes vœux,
Le Oui sait mieux charmer et plaire ;
L'autre fit-il jamais d'heureux ?

SANS O.

AIR : *De M. Vautour.*

Se peut-il qu'en si beau chemin,
Sans aucun dessein je demeure !
Célestine, serait-ce en vain
Que d'être inspiré je me leurre ?

AMBIGU

Ris de l'auteur, aime l'amant
Qui te chérit plus que la vie ;
Enchaîné par le sentiment
De rimer il perdra l'envie.

AIR : *d'Hyppolite.*

Tu m'as défendu dans mes chants
De tant de jolis mots l'usage
Que si je les donne touchants,
L'essai, du moins, n'en est pas sage.
Depuis l'instant de mon début
L'obstacle s'éteint de lui-même,
Et je sens que j'atteins mon but
Chaque fois que je dis : Je t'aime !

AIR : *De Doralas.*

Ne connaître que ton empire ;
Te prouver toute mon ardeur,
A chaque moment te le dire ;
Ne rêver rien que ton bonheur.
D'époux envier le doux titre,
Ne chérir, n'adorer que toi ;
De mon amour te rendre arbitre ;
Voilà bien mon unique loi.

SANS T.

AIR : *On compterait les diamans.*

Je vais donc me servir de vous :
Ceci me chagrine et me lasse ;
Son compagnon semble si doux
Que je voudrais lui garder place.
Quel plaisir de le prononcer !
Quel plaisir encor de l'écrire !
Mais si je dois y renoncer :
Alors je n'ai plus rien à dire.

COUPLET D'ENVOI DES PRÉCÉDENS.

SANS U NI V.

AIR : *De la pipe de tabac.*

Pardonne si mon faible style
Ne présente point d'action,
Il n'est, je pense, pas facile
De lettres faire extraction.
S'il me fallait retracer : J'aime !
Et ne pas employer le mot :
Belle amie! en ma peine extrême,
Mes regards l'apprendraient bientôt.

SUR LA CONSTANCE.

Air : *O divine espérance.*

Chacun célèbre la constance,
En elle on place le bonheur ;
Mais sa chimérique existence
Naît de l'illusion d'un cœur.
On jure en vain de s'y soumettre,
Rien ne plaît que le changement,
Il est bien aisé de promettre,
Mais tenir se voit rarement.

J'obtins les faveurs de Glycère,
Et promis de l'aimer toujours :
Hélas ! mon ardeur passagère
Disparut aux premiers beaux jours,
Je vois Adèle..... Amour, j'aspire ;
Pendant six mois je fus heureux ;
Mais l'ingrate, dans son délire
D'un rival couronne les feux.

Qu'on ne trouve donc plus étrange
La légèreté de l'amour ;
Puisqu'il faut que l'un des deux change
Attendons gaîment notre tour,

Destin ! s'il est en ta puissance
De rendre les amours heureux :
Redonne-leur l'indifférence,
Ou fais-les changer deux-à-deux.

LE SEIGNEUR ET SON MEUNIER.

(Imitation libre de l'Espagnol.)

POT-POURRI.

AIR : *On dira, ta garde royale est là !*

Une gentille meunière
Plaisait fort à son seigneur,
Aussi voulait-il lui faire . , . .
Partager sa vive ardeur. (*bis*)
Il promet à cette belle
Beaucoup d'amour et d'argent ;
A l'un si femme est rebelle,
L'autre la séduit souvent :
   Les écus, (*bis*)
Font faire bien des *coucous*.

AIR : *Hommes jaloux d'une puissance.*

Monsieur, lui disait Isabelle ;
J'aimerais à combler vos vœux ;

Mais si j'allais être infidelle
Lucas m'arracherait les yeux....
Charmante enfant ! laisse-moi dire....
Je peux éloigner ton jaloux ;
Ce soir l'amour et le mystère
T'offrirent des plaisirs....

LE GENTILHOMME AU MOULIER.

AIR : *La poulangère a des écus.*

Sitôt il court vers le moulin,
Et commande au compère
De moudre pour le lendemain,
Plus qu'il ne pourrait faire
        Du gentilhomme.....
Plus qu'il ne pourrait faire.

AIR : *Bonjour, mon ami Vincent.*

A son seigneur.....
Doit.....
Lucas,.....
Met sa.....
Tic, tic, tac.....
A tourne.....
Faut-il donc avoir tant d'ouvrage ?
Quand, peut-être, en ce même instant,
        A son galant ; (bis)
Isabelle en fait dire autant.....

AIR : *Triste raison, j'abjure ton empire.*

Mais sur le soir un garçon se présente :
Maître ! dit-il . pourriez-vous m'employer ?
Oui-dà l'ami ; ta demande m'enchante ;
Travaille fort, je saurai te payer.

AIR : *De la pipe de tabac.*

Lucas, sans bruit, dans sa chaumière
Rentre .... il voit deux têtes au lit ;
Outré de rage et de colère :
Pourra-t-on croire ce qu'il fit ?
Tout doucement notre bon drille
Cherche les habits du dormeur,
Puis, sans dire mot, il s'habille
Et s'en va droit chez Monseigneur.

AIR : *Du pas redoublé.*

Il sonne .... un valet en dormant ,
L'introduit chez Madame.
D'amour, en cet heureux moment,
Notre meunier s'enflamme.
Bientôt le voilà dans les draps,
Il triomphe sans peine ;
Et la dame disait tout bas :
Cher époux, quelle aubaine !

AMBIGU

Air : *Le premier pas.*

Le soleil luit
Et dore la chaumière ;
Lors le seigneur, en regrettant le [illegible]
S'éveille enfin et dit à la [illegible] :
Je vais partir, [illegible]
Le soleil luit. (*bis*)

Air : *Ni vu ni connu, j'embrouille.*

Il saute du lit,
Cherche son habit ;
Une veste est à la place,
Plus de [illegible],
Nos pauvres [illegible],
Font une laide grimace.
S'il [illegible]
Vient faire ici
Tapage :
Que dire, hélas !
A ce Lucas !
J'enrage.
Prenez ses haillons,
Et puis décampons ;
[C]'est le parti le plus sage.

Aᴵᴿ : *Du curé de Pompone.*

Il mit, pour sortir d'embarras,
    Veste, culotte et blouse.
La meunière suivit ses pas
      En tremblant comme douze ;
     Et marmottait tout bas :
        Cher Lucas !
     Pardonne à ton épouse.

Aᴵᴿ : *De M. et Mad. Denis.*

LE SEIGNEUR.

Pourquoi venir avec moi ?
Mieux vaudrait rester chez toi.

ISABELLE.

Mon mari sait qu'il est Jean,
    Souvenez-vous en ; *(bis)*
Monsieur, cachez-moi chez vous,
Puis appaisez son courroux.

Aᴵᴿ : *C'est la petite Thérèse.*

Au castel il frappe, il sonne ;
Mais le concierge étonné,
Qui n'attendait plus personne,
Leur ferme la porte au nez.

Pour mieux se faire connaître
Le seigneur a beau crier ;
L'autre ne voit dans son maître
Qu'un misérable meunier.

AIR : *De la belle Limonadière.*

Mais au château bien autre scène
Se passait dans le même instant :
En s'éveillant, la châtelaine
Avait aperçu son galant.
Qui t'a suggéré, gueux à pendre !
D'oser profaner mes appas ?
Madame, vous allez l'apprendre,
Car je vois votre époux en bas.

AIR : *Vous brûlez d'une vive flamme.*

Monsieur, faisant vilaine mine,
Paraît dans son accoutrement ;
Madame, en le voyant, devine
La cause du déguisement.
Sur ses pas venait Isabelle ;
Ah ! dit sa rivale, en giuant,
Devenez comtesse, ma belle,
Je suis meunière maintenant.

AIR : *Du haut en bas.*

Du haut en bas,
Loin de traiter son infidèle :
Sans nuls débats,
Madame pardonne à Lucas.
Monsieur garde son Isabelle,
Et l'on termine la querelle
Par un repas.

AIR : *Gentil houzard.*

Depuis ce temps, en bonne intelligence,
Ces quatre époux se voyent en secret ;
Plus d'un quadrille, au beau pays de France,
Agit comme eux et garde le tacet.

BIENHEUREUX LES PAUVRES D'ESPRIT.

AIR : *Un ancien proverbe nous dit.*

Un sot, sans trop savoir comment,
Sur tout porte son jugement ;
Il critique talens, mérite,
Et trouve un plus sot qui l'imite.
Auteurs, dites d'un air contrit :
BIENHEUREUX LES PAUVRES D'ESPRIT.

Par qui sont jugés les savans ?
Par les fats et les ignorans,
Qui siffle de naissans ouvrages ?
Souvent c'est l'imbécille à gages.
A donc raison qui nous apprit :
Qu'HEUREUX SONT LES PAUVRES D'ESPRIT.

Un génie épais devient grand,
Bientôt il passe au premier rang ;
Seul il captive la fortune ;
Il charme la blonde et la brune ;
Enfin à ses vœux tout sourit :
[illegible]

LA BOUTEILLE CASSÉE,

OU LES REGRETS DE BIBERON

AIR : *Je te perds, fugitive espérance.*

Tu n'est plus ! séduisante bouteille
Doux espoir du bonheur de mes jours ;
Quand ta chute a frappé mon oreille,
De mes maux j'ai vu naître le cours.

Quoi ? [illegible] ma douleur extrême,
Reçois [illegible]

Cruel sort ! Biberon pâle et blême
Devra donc s'enivrer dans un seau.

Ah ! plutôt que d'affaiblir ma trogne !
Dans la Seine, amis, j'irais plonger.
Puisse alors l'onde être du Bourgogne !
Le plaisir me ferait surnager.

L'AMANT DÉLAISSÉ.

AIR *Du baiser du matin.*

Cruel amour, quand je connus tes charmes,
Je chérissais tes lois et mon erreur ;
Mais aujourd'hui, je passe dans les larmes
Mes plus beaux jours dérobés au bonheur.

J'aimais Philis, je la crus mon amie,
Et sans remords Philis rompt doux lien.
Aux noirs chagrins je consacre ma vie ;
Plus n'ai d'amante... il ne me reste rien.

Cœurs imprudens, qui vous laissez surprendre,
Craignez d'amour les piéges dangereux ;
Que mon destin puisse enfin vous apprendre
Que n'aimer pas, c'est vouloir être heureux.

AMBIGU

A MA FEMME,

EN LUI OFFRANT UNE VIOLETTE.

AIR : *Je t'aime tant, je t'aime tant.*

Pour te former joli bouquet,
Digne d'augmenter la parure,
Je parcourais un vert bosquet
Qu'avait embelli la nature.
Parmi vingt sémillantes fleurs,
La rose s'offrit la première ;
Son éclat, ses vives couleurs
Lui donnaient l'espoir de te plaire.

Mais, guidé par sa douce odeur,
Je découvris la violette ;
Sous l'herbe et sans nul art trompeur
Je l'admirais simple et discrette.
En elle je revis les traits
De ta touchante modestie ;
La rose avait bien tes attraits ;
Tu n'as pas sa coquetterie.

UN PEU D'AIDE FAIT GRAND BIEN.

AIR : *Aussitôt que la lumière.*

Quand chacun chante à la ronde ,
Pourquoi n'en ferais-je autant ?
Un franc buveur en ce monde
Ne doit vivre qu'en chantant.
Mais pour rendre ma voix claire
Et lui donner du soutien ,
Amis ! remplissez mon verre :
Un peu d'aide fait grand bien.

Nos lurons à la Courtille
S'empiffrent de vin clairet ;
Dans leurs yeux le nectar brille :
Ils sortent du cabaret,
Au plus rond de ces apôtres
Le moins gris sert de soutien ;
Les uns vont portant les autres :
Un peut d'aide fait grand bien.

Plus d'un moderne Esculape
Qu'on dit expert dans son art,
Qui du trépas nous réchappe ,
Doit ses succès au hazard.

Il entreprend mainte cure
Où son talent n'est pour rien?
Mais sa présence rassure :
UN PEU D'AIDE FAIT GRAND BIEN.

Le bal de [illegible]
Pourquoi [illegible]
Il a été du [illegible]
Ne [illegible]
Mais si [illegible]
D'app[illegible]
Pour encourager [illegible]
Un peu [illegible]

A MON ÉPOUSE

AIR : *Vous me quittez pour aller à la gloire.*

Le petit dieu qui commande à Cythère,
Ce dieu charmant, trompeur, doux, inhumain,
D'un air fâché, va se plaindre à sa mère
Des torts réels que lui cause l'hymen.

Mes traits, dit-il, sur tout ce qui respire,
Ont un pouvoir rarement balancé:
Pourquoi faut-il que l'hymen, sous son empire
Engage un cœur dès que je l'ai blessé!

Depuis long-temps sur mortelle jolie
Las ! j'épuisais les traits de mon carquois :
Un seul l'enflamme, et l'aimable Sophie,
Pour m'en punir, d'hymen subit les lois.

Ainsi parla Cupidon en colère ;
Dans son dépit le jeune enfant pleurait.
Pour le calmer, la reine de Cythère,
En souriant, rendit ce juste arrêt :

« Je veux mon fils, que la tendre Sophie,
» Soumise à toi, ne puisse chaque jour,
» Pour embellir les instans de sa vie,
» Revoir l'hymen que sous les traits d'amour. »

Fidèle au vœu de la belle déesse,
O mon amie ! en cet heureux moment :
Je te promets que ma vive tendresse
En ton époux n'offrira qu'un amant.

Je n'aurai pas cette froide apathie
Qu'on cache en vain sous le nom d'amitié ;
L'amant heureux qui veut chérir Sophie
Doit, en l'aimant, n'aimer point à moitié.

Dans cet instant, le plus beau de ma vie,
Si j'exprimais ce qu'éprouve mon cœur,
Plus d'un mortel verrait avec envie
Que je dois seul goûter le vrai bonheur.

LA GAITÉ.

AIR : *Je pars, déjà de toutes parts, etc.*

      GAÎTÉ !
Fille de la santé,
Ton charme si vanté
Double notre existence.
Quand gaîment je chante et je bois,
Plus heureux je me crois
Que les grands et les rois.
      Couplets,
Dont gaîté fait les frais,
Ont pour moi plus d'attraits,
Que ces rimes de glace,
Où, l'esprit en prison
Par la froide raison,
Admet hors de saison
Grands mots qu'ennui remplace.
Évitons la mélancolie,
Chantons le vin, les amours ;
Si la gaîté tient de folie,
Soyons plus fous tous les jours.
      Melpomène,

 Dans ma veine
 Trouve à peine
 Libre accès ;
 De Thalie,
 Plus jolie,
 Je publie
 Les succès.
Gaîté ! etc.

 Les pleurs,
Les soupirs, les fadeurs,
Ne plaisent plus aux cœurs,
La gaîté les efface :
Par elle un jeune amant
Provoque un doux moment,
Le tendre sentiment
Aux vrais plaisirs fait place.
Tout en riant, je dis que j'aime ;
Mes serment sont des chansons ;
Puisque l'Amour est fou lui-même,
Je dois suivre ses leçons.
 La bergère
 Trop sévère
 Qui fait taire
 Mes désirs,
 A ma lyre

Plus n'inspire
Le délire
Des plaisirs.
Gaîté ! etc.

Chantons,
Rions, aimons, buvons,
Toujours en francs lurons
Courtisons la fillette.
Si l'intraitable sort
A pour nous plus d'un tort,
Laissons jusqu'à la mort
La raison en goguette.
Mes amis, arrive qui plante,
Pensons à nous amuser,
Que l'amant prenne à son amante
A chaque verre un baiser.
Qui s'assemble
Se ressemble,
Or ensemble
Demeurons ;
Qu'à la ronde
Tout le monde
Me seconde,
Répétons :
Gaîté ! etc.

Vénus,
Et Bacchus et Comus,
Soyez les bien-venus,
Régnez dans cette enceinte,
Car on ne voit ici
Ni chagrin ni souci :
Jamais l'amant transi,
N'y roucoule sa plainte.
A l'unisson l'on déraisonne,
Gai buveur se croit savant ;
En chantant quoique je détonne
On m'approuve assez souvent.

La censure
Sèche et dure
Dénature
Maint écrit :
Choc du verre
Fais-la taire,
On doit plaire
Quand on dit :
Gaîté ! etc.

Huissiers,
Importuns créanciers,
Jamais dans les greniers
N'offrent leur noir visage,

Or, pour narquer le froid,
La cédule ou l'exploit,
Je loge sous le toit
D'un quatrième étage.
Mon plancher s'ébranle et déjette.
Quel plaisir si le matin,
J'allais être avec ma couchette
Dans la cave du voisin!
>   Quelle ivresse!
>   Je caresse
>   Et je presse
>   Maint flacon;
>   Rouge sève
>   Je t'achève...,...
>   Que mon rêve
>   Semble bon.
>   Gaîté!
Fille de la santé,
Ton charme si vanté
Double mon existence.
Quand gaîment je chante et je bois,
Plus heureux je me crois
Que les grands et les rois.

SONNET.

Tu voudrais d'un sonnet que je te fisse hommage ;
Le faire sans défaut ; je suis bien imprudent !
Tu sais que t'obéir fut toujours mon usage ;
Mais c'est trop présumer de mon faible talent.

Ah ! s'il était parfait, ce serait ton image !
Laisse-moi dans ton cœur puiser le sentiment,
Prête-moi ton esprit, Chloris, et je présage
Que mon ouvrage, alors, en tout sera charmant.

Mais en la résumant, je poursuis l'entreprise,
Et je suis déjà loin. N'en paraît pas surprise ;
Quand on peut dire : j'aime ! un seul vers en vaut deux.

Dans mon premier tercet si l'amour trouve place,
Ne t'en allarmes point ou si non je l'efface :
S'il n'est pas dans ton âme il est dans tes beaux yeux.

RONDEAU.

Faire un rondeau ! cela serait charmant :
Pour un auteur c'est l'effort du moment.
A son instar que n'y deviens-je habile ?
Pour m'enhardir Phébus rends-toi docile ;

Inspire-moi, j'irai plus vivement.
Cinq vers d'un trait ! faites-moi compliment;
Ne traitez pas ma muse de stérile,
Elle fait voir combien semble facile

                    Faire un rondeau.

Si mon travail finit heureusement.
Au dieu des vers j'érige un monument.
J'y graverai que sans troubler ma bile
J'ai pu trouver six rimes à la file
Et qui plus est, sans trop savoir comment
          Faire un rondeau.

LES FOUS.

Air : de Dumolet.

Dans ce monde rempli de fous,
Chaque mortel a son goût, sa marotte;
Dans ce monde rempli de fous,
Jeunes et vieux, les hommes le sont tous.
Voyez d'abord cette vieille dévote,
Ange à l'église et chez elle un démon;
Contre chacun toujours elle marmotte,
Et ses discours ne sont qu'un lourd sermon.
Dans ce monde, etc.

Et ce vieux ladre, harpagon pâle et blème,
Qui pour jouir, de tout veut se passer;
Près de son or, il fait un long carême,
Et pour deux liards se laisserait fesser.
Dans ce monde, etc.

Ce rond buveur que soutient la muraille,
Qui tombe enfin et se casse le cou :
Se croit-il sage alors que sur la paille,
Les reins brisés, il languit sans un sou !
Dans ce monde, etc.

Et celui-ci qui dans un jeu se lance,
Par des monts d'or ses yeux sont éblouis.
Quoi ? toujours noir ! vîte il suit l'autre chance,
Et sort bientôt en pleurant ses louis.
Dans ce monde, etc.

Tel gros banquier, ruíné par une actrice,
La trouve, hélas ! dans les bras du souffleur;
De ce vieux fou la moitié peu novice,
Faute de mieux, s'en venge avec Lafleur.
Dans ce monde, etc.

D'un triste anglais au cerveau sec et vide,
Citerez-vous les mœurs et la raison ?

En franc Goddem ! pour rien il se suicide :
Ma foi, la mort n'est jamais de saison !
Dans ce monde, etc.

Puis ce baron qui gravement se mouche,
En nous vantant ses poudreux parchemins,
Qui sot se lève et toujours sot se couche :
N'a-t-il pas l'air du plus fou des humains ?
Dans ce monde, etc.

Et cet époux, froid, grondeur, ridicule,
Qui croit ainsi parer certain affront :
Il a beau faire, une double virgule
Doit, tôt ou tard, orner son noble front.
Dans ce monde, etc.

Vive à jamais le divin Epicure,
De ses enfans les destins sont plus doux,
Tous leurs plaisirs sont pris dans la nature :
Oui, c'est comme eux qu'il nous faut être fous.
Dans ce monde rempli de fous,
Chaque mortel a son goût, sa marotte :
Dans ce monde rempli de fous,
Jeunes et vieux, les hommes le sont tous.

LA COMÈTE.

(Mot donné à l'auteur.)

Air : *Du pas redoublé.*

Au bon siècle de nos ayeux,
Temps où l'on était sage,
Les humains étaient plus peureux
Que dans notre jeune âge.
Jadis, du ciel, le moindre objet
Eût fait lever la tête ;
Et lequel des anciens aurait
Plaisanté la comète ?

Aujourd'hui les petits enfans
La regardent sans peine,
Et croyent peu leurs grands-mamans,
Sur sa chûte prochaine.
En dépit de son vieux tuteur,
Isabelle, en cachette,
S'échappe avec un amateur
Peur mieux voir la comète.

Avec Lucas, Suzon le soir
Regarde à la croisée ;
Sa mère vient aussi pour voir ;
Mais sa vue est usée.

L'amour en secret fait son jeu,
Et la jeune fillette,
Sent que son cœur est tout de feu
Quand passe la comète.

Grégoire admire, tout joyeux,
Le brillant météore,
Par an il en voudrait voir deux
Et même plus encore.
S'il aime cet astre divin,
Son goût n'est pas trop bête,
Il sait qu'on boit le meilleur vin
Quand nous vient la comète.

Mais, j'ai rimé quatre couplets,
C'est bien assez, je pense.
Si vous en êtes satisfaits,
Voilà ma récompense.
Jeunes tendrons, à vous je dois
Offrir cette bluette,
Surtout n'allez pas dans neuf mois
Maudire la comète.

ATTENDEZ-MOI SOUS L'ORME.

(Ronde.)

Air : *La boulangère a des écus.*

Un prophète a banni le vin,
Bien fou qui s'y conforme.
Pour fuir le doux jus du raisin :
Attendez-moi sous l'orme
          Demain
Attendez-moi sous l'orme.

Pour répondre à tel spadassin,
Fier de son uniforme,
Je dis : se battre n'est pas sain :
Attendez-moi, etc.

Une vieille au regard mutin,
Au corps sec et difforme,
Vient m'offrir son cœur et sa main :
Attendez-moi, etc.

Vive l'eau ! dit un médecin
Du passage Delorme ;
Pour m'en voir baptiser mon vin :
Attendez-moi, etc.

Ce juif me prend d'un air câlin
Un intérêt énorme ;
Mais pour payer le vieux vilain :
Attendez-moi, etc.

Rose est femme d'un vieux Robin
Qu'elle aime pour la forme ;
Aussi Rose chante à Lubin :
Attendez-moi, etc.

Me prenant pour George Dandin,
Une fille s'informe
Si je ne suis pas son cousin :
Attendez-moi, etc.

Dévot, hypocrite et malin,
Dont le ventre est énorme ;
Vous prêchez le carême en vain :
Attendez-moi, etc.

Crainte que mon petit refrain
Ce soir ne vous endorme ;
Pour en mieux connaître la fin,
Attendez-moi sous l'orme.
　　　　Demain
Attendez-moi sous l'orme

LE JUSTE MILIEU.

Air : *Allant au bal dans notre rue :*

Voyez ce plaisant Démocrite
Qui de tout se moque et sourit ;
Plus loin c'est le sombre Héraclite
Qui sur nos maux pleure et gémit.
Ce contraste est une folie
Qu'on voit à toute heure en tout lieu ;
Mais la saine philosophie
Ne choisit qu'un juste milieu.

Un guerrier qui cherche la gloire,
Du danger n'est point effrayé ;
Il vole au temple de mémoire,
Et des vivans il est rayé.
Un poltron n'aime pas la guerre
Il recule à l'aspect du feu ;
En brave soldat de Cythère,
Je préfère un juste milieu.

L'extrême en tout n'est que faiblesse,
Je le tiens de plus d'un auteur.
Excès de gloire ou de tendresse
Trop souvent nuisent au bonheur.

L'hymen, par un avis très-sage,
A fait connaître qu'en tout lieu,
On serait heureux en ménage
En gardant le juste milieu.

———

A UNE DAME AUTEUR, QUI ME DEMANDAIT DES VERS.

AIR : *Belle, de mon frère je veux.*

Vous m'accusez à chaque instant
De n'avoir pas de complaisance :
Bien moins coupable que prudent,
Dois-je oser rompre le silence ?
D'un éloge trop mérité,
En vain je veux vous faire hommage
Pour qu'il soit dignement traité :
Veuillez vous charger de l'ouvrage.

De vos admirateurs nombreux,
De loin je dois suivre la trace ;
Car dans leurs essais, plus heureux,
Près du leur mon travail s'efface.
Vous avez de puissans attraits
Pour guider l'essort d'une muse ;

Lisez les vers qu'on vous a faits :
En eux je trouve mon excuse.

Je vous savais mille talents ;
Mais chaque jour m'en fait connaitre ;
Lorsque je prépare mes chants ,
A tout moment j'en vois paraître.
J'en trace à peine le tableau
Qu'il faut aussitôt le refaire :
Laissez-moi briser mon pinceau
Ou discontinuez de plaire.

LES DÉSAGREMENS D'UN BON CŒUR.

AIR : *Au rocher de St.-Avelle.*

Mon père, dès ma jeunesse,
Me disait que le bonheur
En tous lieux suivait sans cesse
L'homme doué d'un bon cœur.
Mais cette vieille maxime
Causa mes plus grands chagrins,
Et toujours je fus victime
Des ingrats et froids humains.

9

Un soir, au coin d'une rue,
J'entends des gémissemens ;
Mon âme, sensible, émue,
Sent de nobles mouvemens.
Je vais, ou plutôt je vole
Au lieu d'où partaient les cris,
Des fripons jouaient ce rôle ;
Ma bourse en devint le prix.

Une maîtresse insolente
Refusait de recevoir
Une gentille suivante
Qui rentrait trop tard le soir.
Par pitié j'offre à ma belle
Asile dans mon réduit ;
Payé de ce soin par elle ;
Trois mois j'ai gardé le lit.

J'avais un bon domestique,
Et je le fis régisseur ;
De mon château, par rubrique,
Il devint le possesseur.
J'épousai fillette sage
Qui n'avait que sa vertu
Mais sur mon front, la volage,
Planta certain bois tortu.

Je postulais une place ;
J'avais un ami discret ;
Qui le croirait ? oh disgrace !
Il me supplante en secret.
S'il cabale et sollicite ;
C'est, dit-il, par équité ;
Et pour me solder plus vîte
Ce qu'il m'avait emprunté.

Deux époux, nouveau ménage,
Faisaient carillon chez eux ;
Je cours pour calmer leur rage
Et suis chassé par les deux.
Loin de donner dans l'amorce,
Je promis qu'une autre fois,
Entre l'arbre et son écorce
Je ne mettrais plus les doigts.

N'osant compter sur personne,
Las de promener l'ennui,
A mon fils ainé je donne
Mes biens pour vivre chez lui.
Depuis lors je l'importune ;
Il me traite avec riguœr.....
Jugez par mon infortune
Quels sont les fruits d'un bon cœur !

LA FAUSSE CONFIDENCE.

Air : *Du baiser du matin.*

Je l'avoûrai, je me suis laissé prendre
D'amour ardent, Pour qui ? je n'en dis rien.
Sans la nommer cela se peut comprendre ;
Ces couplets-ci vous en instruiront bien.

Celle que j'aime est peu faite pour plaire ;
Sa voix, ses traits inspirent le dégoût :
Or, sur son nom je fais bien de me taire ;
Mais, patience, écoutez jusqu'au bout.

Son caractère est méchant et bizarre ;
Son triste aspect fait fuir le tendre amour ;
Je la déteste et même je déclare
Que mon dédain augmente chaque jour.

A deviner je vois qu'on se dispose ;
Par ce portrait je la dépeins si bien.
Ne cherchez plus ; dans mes vers j'en impose
Pour mieux garder son secret et le mien.

A MONSIEUR PIERRE B * *

Air : *Je suis modeste et soumise.*

Il faudrait être de pierre
Pour se taire en ce moment,
Or, invoquons pour lui plaire
De Pierre le sentiment.
De son patron tutélaire
Je négligerai l'appui,
Si toujours notre bon Pierre
M'ouvre la porte chez lui.

Comme moi chacun désire
Ce jour de fête si lent,
C'est peu, lorsque Pierre inspire,
D'en parler une fois l'an.
Près d'une compagne chère
Il coule de doux instants ;
L'amour en faveur de Pierre
Brisera la faux du temps.

Si mes vers, de son image
Offraient le joli tableau,
Je suis sûr que mon hommage
Aurait un attrait nouveau.

Qu'un autre sache le faire
D'un trait, cela se peut bien ;
Mais s'il s'agit d'aimer Pierre
Mieux que nous, je n'en crois rien.

COUPLETS POUR UN CONVIVE A UNE NOCE.

AIR : *Jeunes amans, cueillez des fleurs.*

L'amour, ce dieu toujours vainqueur,
Vivait très-mal avec son frère,
Aussi, pour captiver un cœur,
A l'hymen il faisait la guerre.
Leur lutte aurait duré long-temps,
Mais ce jour enfin les rassemble ;
Et pour enflammer deux amans,
Les frères sont d'accord ensemble.

C'est le bonheur, jeunes époux,
Qu'hymen vous promet dans ses chaînes ;
Toujours heureux, jamais jaloux,
Mille plaisirs et point de peines.
Son frère aussi pour vous charmer,
Sur vous gardera son empire :
Tous vos désirs seront d'aimer
Chaque jour et de vous le dire.

Si ces dieux unis font les frais
Des plaisirs de votre ménage ,
Qu'est-il besoin de nos souhaits ,
Après cette riante image ?
Epoux sensible, tendre amant ,
Epouse aussi belle qu'aimable !
Qui vous voit prédit aisément
Votre bonheur comme durable.

———

UNE JEUNE FILLE A SON PÈRE.

AIR : d'*Hyppolite.*

Aujourd'hui nous voulions chercher
Un bouquet digne de te plaire ;
Mais je ne dois pas te cacher
Que je le crois encore à faire.
Il aurait fallu vingt couplets
Pour te retracer à toi-même :
Dans tous si l'on voit de tes traits ,
En eux moins que chez nous on aime.

Jeune fruit du plus pur amour ,
D'être à toi je me sens bien fière ,
Et voudrais fêter chaque jour
Les vertus de notre bon père ;

Craignant de manquer ton portrait,
Je saurai garder le silence;
Pour que mon bouquet soit parfait,
Prodigue m'en la récompense.

LA DÉFENSE DES DAMES.

AIR : *Prenons d'abord l'air bien méchant.*

Loin de nous le triste frondeur
Qui, courroucé contre les dames,
Aspire au trop stérile honneur
De décrier toutes les femmes.
D'un célibataire ennuyeux,
Observez l'air sec et rigide
C'est quelque dépit amoureux
Que le sot a pris pour son guide.

Vous avez là, sexe charmant,
Un antagoniste risible !
Il vous accuse à tout moment
D'être ingrat, trompeur, insensible.
Contre vous on le voit s'armer,
Mais le motif de sa colère :
C'est qu'il aurait voulu charmer
Sans avoir trouvé l'art de plaire.

De tous nos fatiguans grondeurs
Que je hais la folle manie !
Quand pour un refus , des froideurs ,
Ils singent la misanthropie.
Prônant à toute heure, en tous lieux :
LA FEMME EST PERFIDE ET LÉGÈRE !
Cependant, j'ai devant les yeux
La certitude du contraire.

LE PREMIER BAISER.

AIR : *Portrait charmant.*

— Premier baiser, baiser de mon amie ,
— Douce faveur que j'obtins sans détour :
— Tu fus le prix du plus ardent amour.
— Ton souvenir doit embellir ma vie.

Brûlant d'un feu qui consumait mon âme,
En t'obtenant je croyais l'appaiser ;
Mais ton attrait , ô séduisant baiser !
A redoublé mon ardeur et ma flamme.

Charmant baiser qu'une bouche de rose
En souriant me permet d'aspirer ;
Souffle enchanteur , qui devais m'égarer,
Je t'oubliai pour la fleur fraîche éclose.

Un doux zéphir, guidé par mon ivresse,
De son calice entr'ouvre le séjour;
Je languissais près de rose d'amour;
En la cueillant, j'expire de tendresse.

Je l'effeuillai; sa couleur purpurine
De mon triomphe annonça le moment;
Désirs, bonheur, nature et sentiment,
Se sont unis pour enflammer Justine.

SUR LE BONHEUR.

AIR : *C'est à mon maître en l'art de plaire.*

Tu me demandes, mon amie,
Ce qu'on entend par le bonheur :
De le définir perds l'envie,
Tu dois le trouver dans ton cœur.

Il passe en mon désir de plaire,
Dans le besoin de vivre deux;
S'il est aux bosquets de Cythère,
L'amour le prit dans tes beaux yeux.

Il s'offre au mortel charitable
Qui secourt l'honnête indigent;
En vain l'avare insatiable
Voudrait le trouver dans l'argent.

Si le bonheur fuit la folie,
Il prend pour guide la raison ;
Avec moi viens passer ta vie,
Je le verrai dans ma maison.

Le bonheur est dans la constance ;
Je le trouve dans mon amour ;
Il est loin de l'indifférence,
Il vit rarement à la cour.
Je le revois en ma tendresse,
Il est aussi dans un baiser....
S'il renaît par cette caresse
Pourrais-tu me la refuser ?

LOGOGRYPHE Ier.

J'ai quatre pieds, lecteur,
Et le timide auteur
Qui trop court après moi, plus rarement m'attrape;
Quand il croit me tenir tout aussitôt j'échappe.
Décomposez mon être : en un poste d'honneur,
Au pays musulman, je suis le Grand-Seigneur.
Si vous me retournez, je puis offrir encore,
Ce grand saint du vieux temps, qu'un Champenois honoree.

De plus, un sentiment
Qui cause du tourment ;
Ce qu'en du pain on trouve, et le nom d'un poëme ;
Encore un autre saint, deux notes de la gamme.

(Le mot est à la fin de l'ouvrage.)

———

LOGOGRYPHE II.

A l'œuvre que voici, je suis très-nécessaire :
Quatre lettres me font, par milliers j'en puis faire.
Une m'en retranchez à mon commencement,
Je vous donne le nom d'un beau département.
Si vous l'y remettez et rayez la dernière,
Je suis le mois heureux où la fleur printannière
Parfume nos bosquets d'une si douce odeur.
De ce dernier sujet, ensuite ôtez le cœur,
Et formez en mon chef, vous trouvez en son être
Ce qu'on a rarement mais qu'on cherche à paraître.
Ne vous intriguez pas, lecteur, jusqu'à demain :
Ce mot que vous cherchez, il est en votre main.

(Le mot est à la fin.)

LOGOGRIPHE III.

J'ai six pieds bien comptés et ne bouge de place,
Pour m'avoir, au conclave on fait mainte grimace.
La tête me coupez : vêtement du pêcheur,
Au moine alors je sers : oui, comme à son prieur.
Faut-il une autre image ? Si replacez ma tête
Et retirez ma queue : aux repas d'une fête,
A votre table, en vous, dans tous les animaux,
On me trouve; on me prend et divise en morceaux.
Arrachez-moi le cœur et rassemblez mon être,
Je suis toujours très-vain et ne parle qu'en maître
Me retournant encore, on forme au même instant
Ce qui servait jadis au guerrier triomphant.
Je donne un mot connu parmi gens du vulgaire,
Ce mot vous offre aussi le nom d'une rivière;
Ajoutez une ville, une note.... Est-ce assez ?
Je me tais, car déjà vous me reconnaissez.

(Le mot est à la fin de l'ouvrage.)

A UNE DEMOISELLE ROSE.

Air : *Charmante Gabrielle.*

A vous, aimable Rose,
Je destine un bouquet;
Pardonnez-moi si j'ose
Vous montrer mon caquet.
J'ai besoin d'indulgence,
   Je le sens bien,
Et la votre est d'avance
   Mon seul soutien.

L'amour dans une rose
Cache ses traits vainqueurs;
A peine elle est éclose
Qu'elle enchaîne les cœurs.
L'épine au téméraire
   Se fait sentir;
Rose, vous savez plaire
   Sans en punir.

La rose sur sa tige,
Fière de ses couleurs,
Avec éclat s'érige
Comme reine des fleurs.

Rose d'une journée
   S'épanouit,
Quand l'amour, chaque année,
   Vous embellit.

Enjoûment et finesse,
Grâces, beauté, candeur,
Bonté, délicatesse,
Ont formé votre cœur.
Rose, si mon hommage
   Ne vous déplaît,
Je suis, de mon ouvrage
   Bien satisfait.

———

A MARIE.

AIR : *Partant pour la Syrie.*

Silence, je vous prie,
Écoutez mes accens,
Je chante de Marie
Les attraits séduisans.
Permets, touchante belle,
Que mon faible pinceau,
D'une esquisse fidèle
Offre un joli tableau.

Au printemps de ton âge,
Respirant la candeur,
Tu nous offres l'image
Des grâces, du bonheur,
Te voyant si jolie,
Sans doute, Gabriel
Eût oublié Marie
Pour te porter au ciel.

Si ta grande patronne
Possédait tes attraits,
Toujours, Dieu me pardonne !
Toujours je l'aimerais.
A son culte, fidèle,
Prosélyte amoureux,
Je me croirais près d'elle,
Le souverain des cieux.

A M. PHILIPPE B....

AIR : *A faire.*

Pour bien célébrer Philippe,
J'invoque en vain les neuf sœurs :
Ces dames m'ont pris en grippe ;
Mais je ris de leurs rigueurs.

Le nom, cela peu m'importe,
Rime viens quand tu voudras ;
Fêtons celui qui le porte,
Pour me sortir d'embarras.

Bon époux et tendre père,
Ami franc, bon citoyen,
Pour l'auteur, voilà, j'espère,
Plus d'un solide moyen.
Ce portrait plein de franchise,
Suffirait pour animer ;
Mais qu'à Philippe on le dise,
Moi, je ne sais que l'aimer.

En vain, dit-on, chez les hommes,
On recherche la vertu ;
Chacun, au siècle où nous sommes,
D'un masque s'est revêtu.
Voulez-vous que je découvre
Un cœur vraiment vertueux ?
Chez Philippe on le retrouve
Comme au temps de nos ayeux.

Offrons au meilleur Philippe
Quelque fleur de la saison,
La rime veut la tulipe,
Mais elle n'a pas raison,

Il est une fleur plus belle
Qui convient mieux à mieux [illegible]
De notre amour l'immortelle
Sera [illegible] emblème flatteur

BOUQUET À UNE BONNE MÈRE.

AIR : *Jeunes amants [illegible] des fleurs.*

Tendre maman, de notre amour
Daigne agréer le simple hommage,
Moins que nos désirs, en ce jour,
Crois que nous invoquons l'usage.

[illegible]
Comble [illegible] pur et sincère !
[illegible]
Ils sont en faveur d'une mère [illegible]

Pour te célébrer, tes enfans
N'attendent pas un jour de fête;
Ils t'ont voué depuis long-temps
Leurs cœurs devenus ta conquête.
Ta bonté, tes soins maternels,
De notre bonheur sont le gage;
Nous te dresserons des autels
Dans ces cœurs faits à [illegible]

Tu nous aimas dès le berceau ;
Tu tressaillais au nom de mère,
Et fus pour nous le bel ormeau
Appui constant du faible lierre.
Nous saurons payer de retour
Tes premiers soins et ta tendresse,
Et deviendrons, à notre tour,
Dignes soutiens de ta vieillesse.

Si quelque jour le poids des ans
Pesait sur toi, mère chérie
Par leurs caresses, tes enfans
Sauraient te redonner la vie.
Au ciel nous offrons nos souhaits
Dont un, sans doute, va te plaire :
C'est qu'il conserve pour jamais
A tes côtés notre bon père:

A CÉLESTINE.

AIR : *Lundi, pour une semaine.*

Contre un enfant malhonnête
Je viens me plaindre en ce jour ;
Qui croirait qu'en cette fête
Je veux parler de l'Amour ?

Oui, ce dieu qui me lutine
Est cause de mon courroux
Écoute, ô ma Célestine
Et sois arbitre entre nous.

Tous les ans j'ai la coutume
De t'offrir quelques couplets;
L'amitié guide ma plume
Le sentiment fait les frais.

Ce matin Phébus m'inspire,
Un bouquet simple et souriant;
Je l'accordais sur ma lyre...
Amour l'enlève à l'instant.

Tes couplets auraient pu plaire,
Me dit-il, en s'envolant;
Mais je les crois de ma mère
Le portrait trop ressemblant.

A Vénus je les destine,
Et je veux, pour t'appaiser,
Que l'aimable Célestine
M'acquitte par un baiser.

Je riais de sa victoire;
Mais ce petit dieu rusé
M'a fait perdre la mémoire
De ce que j'ai composé.

S'il faut oublier l'offense
Que me fit l'enfant jaloux :
C'est du baiser l'espérance
Qui peut calmer mon courroux.

———

LE BRAILLARD.

AIR : *Aussitôt que la lumière.*

Dès que le fils de Latone
M'éclaire de ses rayons ,
Le verre à la main , j'entonne
Mes plus gaillardes chansons.
Mon gosier fait des merveilles ,
Et toujours il est bon là ;
Amis , bouchez vos oreilles ,
Car pour brailler me voilà.

Des chantres de Notre-Dame,
Vienne ici le plus mutin :
S'il prétend primer ma gamme ,
Il y perdra son latin.
Célébres braillards de places,
Jacquinot, Francœur, Armand ;
Près des miennes , vos grimaces
Ne sont que de la Saint-Jean.

Brailler est dans la nature :
Un Russe braille au combat,
Le poltron braille une injure,
Les juifs braillent au sabat ;
Les marins braillent sur l'onde,
L'avocat braille au barreau ;
Femme en braillant met au monde
Enfant qui braille au berceau.

Un gueux braille sa misère,
Un grand braille son valet ;
Plus d'un pasteur braille en chaire,
Et l'ivrogne au cabaret ;
Les forts braillent sans se battre,
Tout l'opéra braille en chœur ;
Tel qui braille comme quatre
Peut souvent brailler de peur.

Sitôt mon heure dernière,
Je veux que les vrais brailleurs,
Pour me suivre au cimetière,
Arrivent de toutes parts.
Pour faire mon épitaphe,
Qu'est-il besoin de talents ?
Gravez-y ce paragraphe :
Ci [illegible]

LA FLUTE DU BERGER COLIN.

Air : *On compterait les diamans.*

Un beau jour , Lise allant au bois ,
Vit Colin couché sur l'herbette ;
Elle s'approche en tapinois :
A quinze ans fille est indiscrette.
Colin laissait voir en dormant
Certaine flûte traversière ;
Un petit bout de l'instrument
S'offre aux regards de la bergère.

La belle, en riant, contemplait
Ce bijou de forme gentille :
Comme il est beau ! comme il est fait !
De l'emporter mon cœur pétille.
Colin dort.....il ne me voit pas ,
Pourrait-il me chercher dispute ?
Lisette fait encore un pas,
Et vivement saisit la flûte.

Mais le pâtre avait attaché
Cet instrument à sa ceinture :
Suspendu par un fil caché ,
Il tenait fort, je vous assure.

Colin s'éveille en ce moment ,
Et dit : que fais-tu , bergerette ?
Ah ! répond Lise en rougissant ,
Monsieur , je cherche ma houlette.

Si jeune , essayer à voler ,
Ce métier n'est pas beau , ma reine !
Colin , n'allez point en parler.
Non ; mais je t'inflige une peine.
Pour te punir d'un tel larcin ,
Il me faut de toi quelque chose :
Et je veux prendre sur ton sein
Ces deux jolis boutons de rose.

Sans attendre un consentement ,
Colin sur l'herbe jette Lise ;
Il saisit le bouquet charmant ;
Tout lui semble de bonne prise.
Lisette , afin de l'appaiser ,
Veut dire un mot pour sa défense ;
Mais bientôt le plus doux baiser
Réduit la coupable au silence.

Entre les bras de ce méchant ,
Lise demeure évanouie ;
Lors , de la flûte un air touchant ,
A propos la rend à la vie.

Colin sut si bien en jouer,
Il y mit tant d'art et d'adresse
Que Lisette pour l'écouter,
Dans le bois retourne sans cesse.

LES DAMES ÉTRANGÈRES.

AIR : *Un lait de poule et mon bonnet de nuit.*

Ami constant d'un sexe trop aimable,
Jadis à lui je consacrai mes jours ;
Sans lui tout meurt, son commerce agréable
Donne la vie aux plaisirs, aux amours.
Mais je voulais trouver une compagne
Qui sût fixer mes désirs pour jamais :
Je la cherchai dans la brûlante Espagne,
Ne songeant plus que j'étais né Français.

Femme espagnole est sensible et sincère,
Le tendre amour paraît seul l'animer ;
Joli maintien, taille svelte et légère,
Font naître en moi secret besoin d'aimer.
Deux soirs entiers je chante ma Clémence :
A sa fenêtre elle vint un moment ;
Mais quel Français ne perdrait patience
De faire ainsi sentinelle en plein vent ?

Sans y penser, je cours en Italie ;
Nouveaux attraits enflamment mes désirs ;
Le beau pays de Paphos, d'Idalie,
Devint pour moi le séjour des plaisirs.
Je crus trouver une amante fidèle ;
J'étais jaloux, jugez de mes tourments ;
En tout honneur, il fallait à la belle
Un favori, deux cavaliers servants.

On me disait que la belle Allemande,
Froide par goût, se riait de l'amour ;
Bientôt j'appris que l'erreur était grande,
Et qu'en tout lieu Cupidon tient sa cour.
Beautés du Nord ! nous vous rendons justice,
Car un seul jour si vous tenez rigueur,
Vous gémissez d'un si long sacrifice.
En vérité ! vous avez un bon cœur.

De Dresde, enfin, je pars pour l'Angleterre,
J'espérais là pouvoir fixer mes vœux ;
Droit à Plimonth nous allons prendre terre,
Et j'aperçois un concours très-nombreux ;
Je veux passer, un boxeur m'en empêche ;
Pour trouver... Quoi ! Rien : c'était un Anglais
Qui, profitant des lois sur le commerce,
Quittait sa femme adjugée au rabais.

Moins désireux d'une femme étrangère,
En France, alors; je revions à bas-bruit.
Du tendre Hymen, de sa douce chimère,
L'heureux prestige était enfin détruit.
Vante qui veut l'Espagnole ou l'Anglaise;
Pour nous charmer qu'il orne ses tableaux:
On peut trouver en l'aimable Française
Tous leurs attraits, mais non pas leurs défauts.

L'AUTEUR PAYÉ.

COLLOQUE ENTRE UN FAISEUR DE MADRIGAUX ET UN GASCON.

— Monsieur de Bric-à-brac; voici le compliment!
— Voyons qué jé lé lise... Il est fort bien vraiment.
Capé-dé-bious, ami! Pour vous qué puis-jé faire?
— Si vous êtes content, cinq francs feront l'affaire.
— Sandis, moi vous payer! dités, y pensez-vous?
Vos vers sont à mes yeux dé trop grande importance
Pour qué lé vil métal soit arbitre entre-nous;
Jé n'én connais qu'un prix: c'est ma réconnaissance.
Néanmoins apprénez qué près dé tous nos grands
Jé veux dès cé jourd'hui vous rendre un bon office;
Tant jé leur prônérai votre esprit, vos talens,
Qu'ils vous récherchéront. Service vaut service.

Or, vous voilà soldé : comptez bien sur ma foi ;
Promessé dé Gascon dévient lettré-de-change.
J'eus de croire ceci la complaisance étrange ;
Et n'ai vu, depuis lors, grands ni petits chez moi.

SUR UNE LORGNETTE.

O verre ! que n'est-tu le miroir des pensées !
Tu pourrais, en huit jours, enrichir les marchands ;
Ils auraient, à coup sûr, les maris pour chalands,
Et lorgnettes seraient, par les dames, cassées.

VERS DE TRENTE-CINQ LETTRES CHACUN. *

Un auteur sans pareil, avec longue ficelle,
Mesura de grands vers nommés alexandrins ;
Sa muse se méprit, j'en sais une autre qu'elle,
Qui calcule par lettre, en dépit des malins.
En ce sixain j'ai mis, je puis bien m'en vanter,
Tout juste trente-cinq ; à vous de le compter.

* Un griffonneur qui mesurait ses vers avec un fil, s'étonnait
de ce qu'on les blâmait. Je lui dis qu'il fallait en compter les
letttres ; il essaya, mais il ne put réussir à en faire un seul ;
pour lui prouver que la chose était possible, je lui envoyai
ceux ci-dessus.

POUR UNE BONNE MÈRE.

Air : *D'Hyppolite.*

O toi qui nous donnas le jour,
Tendre mère, épouse adorée !
Des seuls objets de ton amour,
Maman, tu te vois entourée.
Sachant à peine articuler
Nous te disions déjà je t'aime ;
Permets-nous de le répéter
Ou bien redis-le nous toi-même.

Quand le bonheur est dans tes yeux,
Vois comme ici la gaîté brille ;
Souris à cet exemple heureux
Du plus beau portrait de famille.
De ces vers reconnais l'auteur,
Il nous contemble et nous approuve ;
Si tu nous juge par ton cœur
Tu sais ce que le notre éprouve.

POUR UNE AMANTE.

Air : De Doristas.

Rien de joli comme une fête
Où l'amitié jointe à l'amour,
Avec indulgence m'apprête
Bonheur et plaisir tour-à-tour.
Ne blâmez pas, je vous en prie,
D'un amant l'imprudent projet :
Je dois, en chantant mon amie,
Rester inférieur au sujet.

Douce, aimable, belle, sincère,
Est-ce en quatre mots son portrait,
Sur son nom je voudrais me taire,
Mais je vois qu'on la reconnaît.
Joignant l'esprit à la simplesse
Et les grâces à la raison :
Voilà de mon cœur la maîtresse,
Et l'amour vous dira son nom.

A UN AMANT JALOUX.

AIR : *Mais savez-vous peindre l'enseigne ?*

O toi qui règnes sur le cœur
D'une tendre et sensible amie :
Toi qui sus trouver le bonheur
Dans notre douce sympathie !
Fuis des soupçons injurieux,
Enfantés par un noir caprice ;
Sache, Dorval, me juger mieux,
Et te rendre plus de justice.

Au mépris d'un premier amour,
Voit-on jamais la tourterelle
Aimer, changer ; et chaque jour,
Oser devenir infidèle ?
Comme elle, j'aime et je me plains
Du tendre ingrat qui m'abandonne.
Peut-il m'accuser quand je crains
De le perdre et que je pardonne ?

Souviens-toi du jour où tes yeux
Exprimaient si bien la tendresse ;
Attestant l'amour et ses feux,
Nous promettions d'aimer sans cesse.

Je n'ai pas trahi ce serment,
Ta jalousie est une offense ;
Si je l'excuse en ce moment,
C'est là ma plus belle défense.

ÉNIGME Ire.

Fendu,
Velu,
Si l'on m'ouvre
Et découvre,
J'enfante à l'instant
Un objet parlant.
La brune et la blonde,
Chacun en ce monde
Me connaît, je crois.
Dessous certains doigts
Je remue, avance
Avec élégance ;
Je crache souvent.
Devine à présent.

(Le mot est à la fin de l'ouvrage.)

ÉNIGME II.

Sans voir, par moi tout se comprend,
Un noir liquide m'a formée;
De ma perte par fois dépend
Le salut d'un roi, d'une armée.
Confidente de vos amours,
J'en instruis et je les ignore;
Je suis muette, et tous les jours
Je puis vous en parler encore.
Je reçois d'un fougueux amant
Mille baisers, mille caresses,
Lui-même, en un autre moment,
Par dépit me réduit en pièces.
Si quelqu'un veut lire en mon cœur,
Je me trouve fausse ou sincère;
Souvent j'apporte la douleur,
Je suis en tout temps nécessaire,
Et néanmoins j'ai le malheur
Dans plus d'un cas de vous déplaire.

(Le mot est à la fin de l'ouvrage.)

CONTRE UN CLERC DE NOTAIRE,

BOSSU, SATIRIQUE ET MAUVAIS POÈTE.

Romps ta lyre, Apollon ! Muses, soyez timides !
Des modernes auteurs vous n'êtes plus les guides ;
Un mortel mieux famé fait entendre ses chants.
Devant lui vont pâlir les arts et les talents ;
Un seul vers de son cru vaut plus qu'un long poème,
Pour l'approuver, l'entendre, il faut être lui-même.
Sans gêne, ce dit-on, voir même sans esprit,
Polichinelle auteur brille dans maint écrit,
Hier même il broda, pour qu'on lui paie à boire,
Contre un clerc pacifique, une diatribe noire.
Il rime sans effort et sans se mécompter,
L'infinitif d'attrape avec reconforter ;
Digne et sublime essor d'un éclatant génie !
La règle, nous dit-il, n'est que sotte manie ;
Je suis original, en dépit des badauds,
Applaudi, critiqué, j'aurai toujours bon dos.

LE MIROIR DES AMIS.

CONTE.

Accablé de misère,
Aux dieux je me plaignais

Qu'oublié sur la terre,
Nul ami n'y trouvais ;
Qu'en vain, pour en connaître,
Je courais en tous lieux,
Aucun ne voulant l'être
D'un homme malheureux.
Étourdi par ma plainte,
Jupin, en belle humeur,
Par un matin fait feinte
De m'offrir le bonheur.

Dans mon triste réduit paraît monsieur Mercure ;
Il portait sous le bras un magique miroir.
Mortel ! sois satisfait, tu peux, la chose est sûre,
Dans ce trumeau divin tes vrais amis revoir.
Grand merci ! mille fois, Monseigneur, de l'aubaine !
Dieu vous le rende, dis-je en le reconduisant ;
Par ce don précieux je puis donc à présent,
Ou quand il me plaira, mettre fin à ma peine.
Un certain jour, n'ayant ni sou ni maille,
A part moi je me dis :
Pauvre Painsec, allons, vaille que vaille,
Regarde tes amis !
Impatient je découvre ma glace :
Cruelle vérité !
Je n'apperçois sur la blanche surface
Qu'un seul homme arrêté.

O père des humains ! serait-il bien possible ?
    Au monde n'ai-je qu'un ami ?
Mais c'est Dorval, il a le cœur sensible
    Et n'oblige point à demi.
Or donc, chez lui je me rends au plus vite
Pour l'informer de mon pénible sort…
Qu'apprends-je ? hélas ! en faisant ma visite,
Depuis un mois le pauvre homme était mort.

LA DÉFENSE DES LAIDS, MES SEMBLABLES.

AIR : *Au sein d'une fleur tour-à-tour.*

    Jeunes fats et joli garçons
    Qui vous en faites trop accroire,
    A minauder de cent façons
    Vous mettez votre unique gloire.
    Votre aspect est bien séducteur,
    Mais votre âme est froide et légère ;
    Un laid qui fait parler son cœur
    Vous éclipse et parvient à plaire.

    Êtes-vous près d'une beauté,
    Vous ne trouvez rien à lui dire,
    Pour garder votre dignité,
    A peine vous daignez sourire.

Pendant qu'épris de vos appas
Vous oubliez ceux d'une belle,
Un laid modeste est sur ses pas,
Et la charme en lui parlant d'elle.

Sans esprit, sans talens, sans mœurs,
Un bel homme a partout entrée ;
Sa figure est la clef des cœurs,
Son regard vaut une pensée.
On s'empresse pour l'écouter,
Femme à lui plaire s'évertue ;
Il parle . . . . un mot fait regretter
Qu'il ne soit pas une statue.

L'esprit doit passer avant tout,
Je m'en rapporte à vous, Mesdames !
Lui seul peut vaincre le dégoût
Que laideur inspire à vos âmes.
A quoi sert la fatuité ?
Le tendre amour veut à sa suite
Plus d'esprit, moins de vanité,
Moins de beauté, plus de mérite.

LA NAISSANCE DE L'INDIFFÉRENCE.

AIR : *L'Amour exilé de Cythère.*

Le Dégoût, dieu d'humeur sévère,
Sans amour et sans y songer,
Las de rester célibataire
Sous l'Hymen voulut s'engager;
Les uns proposaient l'Indolence,
D'autres penchaient pour la Douceur,
La première eut la préférence,
Le Dégoût aimait sa langueur.

Par cette union trop sortable
Je vis éclipser mon bonheur;
Un enfant plus froid qu'agréable
Naquit pour causer ma douleur,
Ce digne fils de l'Indolence
Est venu bannir les amours;
Sous le nom de l'Indifférence
Il empoisonne mes beaux jours.

O trop cruelle Indifférence !
Toi seule cause mes ennuis;
Par toi, pour prix de ma constance,
Je n'éprouve que des mépris.

Fuis loin du cœur de ma Zélie,
Que l'amour brille dans ses yeux ;
Insensible elle est si jolie.....
Amante elle serait bien mieux.

———————

COUPLETS FAITS EN L'HONNEUR DU DRAPEAU DONNÉ PAR S. A. R. MADAME LA DUCHESSE D'ANGOULÊME, A LA VILLE DE VENDOME.

Air : Il faut partir, Agnès l'ordonne.

Jeux et ris, chassez la tristesse,
Animez nos concerts joyeux !
D'une vertueuse princesse
Le don flatteur brille à nos yeux.
Symbole heureux de l'innocence,
Et gage assuré du bonheur,
Qu'il soit pour nous et pour la France
Le guide sacré de l'honneur.

Du malheur touchante victime,
Tu nous enchaînes sous tes lois ;
Contre le noir projet du crime
Nous saurons soutenir tes droits.

Notre gloire est la douce attente
De dire : j'aurai combattu
Près de la bannière éclatante
Que donna l'ange de vertu.

En voyant ce signal auguste,
Présage d'un bel avenir,
Vers un prince clément et juste
Se porte notre souvenir.
Si quelqu'un prétendait surprendre
Ce digne prix de notre foi,
Vendômois ! jurons de défendre
Nos drapeaux, Madame et le Roi !

L'auteur était alors sous-officier de la garde
nationale de Vendôme.

APPEL AUX BONS-VIVANS.

Eh ! gai, gai, gai, etc.

Eh ! gai, gai, gai, mes chers amis !
    Bacchus et la folie
Parmi nous doivent être admis,
    Soyons leurs favoris.

Mettons-nous en goguette,
Ainsi qu'aux mois passés,
Et que nul ne répète
Que c'est en faire assez.
Eh ! gai, gai, etc.

Fiers guerriers de la treille ;
Vos canons à la main ,
Attaquez la bouteille
En chantant mon refrain :
Eh ! gai, gai, etc.

Buvons à nos bergères ;
Si des baisers sont pris ,
Pour de telles affaires
Il est bon d'être gris.
Eh ! gai, gai , etc.

Si nos dames en danse
Font sauter leurs jupons ,
Pour marquer la cadence,
Dansez, dansez, flacons.
Eh ! gai, gai, etc.

Fi ! de l'hypocrisie !
Étouffons son venin ;
Noyons la jalousie
Dans le jus du raisin.
Eh ! gai, gai, etc.

Si ma muse légère
Vous semble sans raison ,
C'est qu'au fond de mon verre
J'ai puisé ma chanson.

Eh ! gai, gai, gai, mes chers amis !!
Bacchus et la folie,
Parmi nous doivent être admis,
Soyons leurs favoris.

　　　　　Eh ! gai, gai, etc.

LES DÉMÉNAGEMENS,

AIR : *Vous savez bien, mes cher amis, qui faut
des coqs pour*, etc.

Pour quarante écus j'ennuyais
Une chambre sur le derrière,
Mais l'air n'en était pas très-frais,
Dans ce noir réduit j'enrageais,
Le devant fait mieux notre affaire,
Me dit ma femme : vite décampons ;
Déména, déména, déménageons,
Peut-être ailleurs mieux nous serons.

Je prends un logement sur le devant,
Là, le froid me rendrait malade,
Nuit et jour j'étais comme un mort,
Et l'amour avait toujours tort.
Allons, frileux, change de place,
Me dit ma femme, etc.

Alors je me loge au midi ;
Mais Phébus grille ma peau tendre ;
La chaleur m'avait étourdi,
J'étais blanc comme Vendredi.
Pour un nègre on pourrait te prendre,
Me dit ma femme, etc.

Un beau matin vers le couchant
Je vais choisir mon domicile ;
Ma moitié gronde en s'éveillant,
De ne pas se voir au levant.
Te contenter n'est pas facile !
Demain, mignonne, nous en parlerons ;
Déména, déména, etc.

Au sud, au nord, l'hiver, l'été,
Où l'on est, il faut qu'on demeure ;
Avec le vin et la beauté,
On est logé du bon côté.
Quand viendra notre dernière heure,
En francs lurons, ensemble répétons :
Déména, déména, déménageons,
Peut-être ailleurs mieux nous serons.

A UNE PERSONNE QUI M'AVAIT DEMANDÉ DES VERS POUR MADAME LA PRINCESSE SOUWAROW.

S'il fallait célébrer une simple bergère,
Lui prodiguer l'encens et chanter ses attraits;
Ma muse, en vers fertile, indiscrète et légère,
D'un faible madrigal ferait bientôt les frais.
Mais s'il faut esquisser d'une auguste Princesse
Les grâces, les talens, l'image enchanteresse,
Mes sens extasiés guident mal mon pinceau,
Et je crains de ternir un si charmant tableau.

Démêça, démêça, etc.

ANAGRAMME.

Dans ton nom, charmante Marie!
Se trouve l'anagramme; aussi
A dessein l'Amour, je parie,
Pour toi se plut à le former.
En vain ton cœur voudrait se taire
S'il songe à cet infinitif;
Veux-tu commander à Cythère?
Ecoute un jour l'impératif.

A M. F......

AU 1er. JANVIER 1823.

Vos employés unis en ce jour d'allégresse,
Ne peuvent résister au désir qui les presse :
Heureux, au nouvel an, de vous offrir leurs vœux,
Ils sont, à mon instar, satisfaits et joyeux.

Ah ! jouissez long-temps d'un bonheur sans nuage !
Qu'il ne soit point troublé par un funeste orage.
Que la santé, les ris, l'amour et l'amitié.
Pour embellir vos ans, soient toujours de moitié.

Que l'aveugle destin en tout vous soit propice ;
Qu'il détourne de vous la haine ou l'injustice !
Goûtez le vrai plaisir de faire des heureux ;
Que la fortune enfin, pour vous ouvre les yeux.

Entremêlé de fleurs, que votre hymen prospère
Vous garde le doux titre et d'époux et de père ;
Et que de cet hymen les rejettons charmans,
Possèdent votre cœur, vos vertus, vos talens.

Pardonnez, je vous prie, à ma muse timide,
Cet hommage imparfait que le sentiment guide.
Tel consulte son cœur, tel autre son esprit :
Le premier a parlé dans ce modeste écrit.

IMPROMPTU

FAIT AU MOMENT D'UNE BATAILLE.

AIR : *En vain la raison quelquefois.*

Sans prendre souci du destin,
Sans craindre une mort immortelle,
Buvons, chantons dès le matin,
Pour mieux étourdir la vilaine,
La gaîté, le vin et les jeux,
Sont mon bien, ma philosophie;
Toujours joyeux, je suis heureux :
La tristesse n'est que folie.

Pour n'entendre plus le canon,
Dont le bruit choque mon oreille,
J'y mêle celui du bouchon
Et les glouglous de ma bouteille.
La gaîté, etc.

Buvons, et sans changer de ton,
Je nargue la parque ennemie.
Si je peux trouver chez Pluton,
Gourde pleine et femme jolie.
La gaîté, etc.

NE RIEN DIRE.

Air : *De M. Vautour.*

Mille et mille auteurs ont chanté
Le vin, les femmes et la table :
Et chacun d'eux nous a vanté
Ce qu'il y trouva d'agréable.
Crainte qu'on veuille me railler,
Et pour éluder la satire,
Mes amis, je vais travailler
A des couplets pour NE RIEN DIRE.

Un modeste auteur de nos jours,
Ose appeler poème épique
De lourds vers sans suite et sans cours,
Qu'il braille d'un ton emphatique.
Il croit, l'insipide rimeur,
Que chacun l'applaudit l'admire ;
Mais tous conviennent de grand cœur
Qu'il a parlé pour NE RIEN DIRE.

Tel homme investi du pouvoir, *
D'être infaillible à la manie ;
Seul, dit-il, je sais tout prévoir,
Rendez hommage à mon génie.

* Ce couplet ne fait allusion à qui que ce soit.

Mais bientôt souffle un léger vent
Sur l'Excellence qu'on admire ;
Monseigneur songe, en soupirant,
Qu'aurait mieux valu NE RIEN DIRE.

Un commis qui par son emploi
Serait à l'abri de l'envie,
Veut blâmer ses chefs et son Roi
Et bavarde comme une pie.
Pour salaire il est éconduit ;
Mais, malgré qu'il feigne d'en rire,
Il dit tout bas : trop parler nuit ;
J'aurais mieux fait de NE RIEN DIRE.

Un nécromancien menteur
Qui de fables offre la preuve,
Un avare et dur procureur
Qui plaint l'orpheline et la veuve,
Maman qui donne des leçons
Sur l'amour et sur son délire,
Ceux qui critiquent mes chansons ;
Tous feraient mieux de NE RIEN DIRE.

L'EXCELLENT SPÉCIFIQUE.

AIR : *Ah! Margot, ménage ton homme.*

Francs amateurs de la goguette!
Voici votre gai médecin ,
Qui vient vous offrir la recette
Pour guérir tout le genre humain.
Sans barguigner je vais la dire ,
Ecoutez-moi bien jusqu'au bout :
  Sur mon secret ,
  Tracé d'un trait,
  Qu'on soit discret....

   (*On parle.*)

N'allez pas présumer qu'il soit ici question de
rhubarbe et de séné; je laisse la tisanne et les
drogues aux buveurs d'eau; mon curatif est plus
convenable , sachez que :

   (*On reprend l'air.*)

Pour se bien porter il faut rire ,
Et savoir s'amuser de tout.

Moitié mort, certain hypocondre
Fait appeler la faculté ;

Nos docteurs ont beau se morfondre,
Rien ne lui rendait la santé.
Pour calmer son cruel martyre
Et de son âme le dégoût,
    Que fit alors
    Mon pauvre corps?
    Il mit dehors.....

Parbleu! il mit dehors les charlatans qui l'auraient envoyé chez Pluton. Il prit de l'exercice,
but de vieux vin, chanta des refrains joyeux, devint ami de la gaîté, et connut enfin que :

Pour se bien porter il faut rire,
Et savoir s'amuser de tout.

Nicaise, amoureux de Glycère,
Par des pleurs croit peindre ses feux;
Mais il attriste sa bergère.
La beauté fuit le sérieux.
Colin survient par un sourire
Il sait vaincre ennuis et dégoût.
    Tout en riant
    L'heureux amant
    Est triomphant.

Peut-on résister au galant qui conduit à Cythère par un chemin semé de fleurs ? Notre fin matois savait que :

> Pour plaire aux belles il faut rire
> Et savoir s'amuser de tout.

> Aimables enfans d'Epicure !
> Rappelez-vous donc ma leçon.
> La morale en est saine et pure
> Quoique travestie en chanson.
> Pour voir bien tard le sombre empire
> A ma recette prenez goût ;
>> Riez d'huissiers,
>> De créanciers
>> Et d'usuriers.

Si ces importuns viennent troubler vos gais loisirs, faites une pirouette, et à tout ce qu'ils diront, répondez que :

> Pour se bien porter il faut rire,
> Et savoir s'amuser de tout.

> J'ai compté sur votre indulgence
> En vous débitant ces vers-ci ;
> Si l'on trompe mon espérance
> Je n'en aurai point de souci.

Censeurs ! trouvez-vous à redire
Sur mes fautes contre le goût ;
    Sifflez , sifflez
    Et cabalez
    Si vous voulez......

Je prendrai la chose en bonne part , et, fidèle à
mon refrain , je dirai que :

Pour se bien porter il faut rire ,
Et savoir s'amuser de tout.

―――――

LA SEMAINE D'UN SAVETIER.

Air : *Aussitôt que la lumière.*

Le dimanche, à la courtille,
De Bacchus j'ai rendez-vous ;
Le lundi , dans mes yeux brille
Le feu du vin à huit sous.
Le mardi mainte pratique
Me trouve encore à bâiller ;
Le mercredi je me pique
D'un effort pour travailler.

Le jeudi je prends mesure
Et je taille avec vigueur;
Mais je quitte la chaussure
Vendredi jour de malheur.
Si la veille du dimanche
Margot me voit paresseux,
Je lui promets qu'en revanche
L'autre semaine ira mieux.

L'AMOUR EN CAMPAGNE.

AIR : *Du major Palmer.*

Le petit dieu de Cythère
Veut former un régiment,
Pour punir beauté sevère
Qui n'écoute aucun amant.
A la vaincre Amour s'apprête,
Et, quoique novice encore,
L'arc en main, le casque en tête,
Se nomme un état-major.

Il accueille la Folie
Comme guide favori,
Et charge la Jalousie
De surveiller l'ennemi.

Pour artilleur, le Délire,
Le Temps est son instructeur ;
Pour recruteur, le Sourire ;
Le Regard comme inspecteur.

Il accepte la Décence
Pour son premier aumônier,
Et le Plaisir, qui s'avance,
Est proclamé trésorier.
Un cœur devient tambour-maître
Et l'Hymen un médecin.
A tous, l'Amour fait connaître
Quel est son secret dessein.

Cupidon, à l'assemblée,
Se plaint, avec grand fracas,
Que sa puissance est troublée
Par femme qui n'en fait cas.
C'est, dit-il, une mortelle
Que j'ornai de mille attraits,
Et l'ingrate, la rebelle,
Ose braver tous mes traits.

Ce discours mit en colère
Les commensaux de l'Amour ;
Quelle est donc la téméraire
Qui méprise votre cour ?

Bientôt le nom de Sophie
Rend l'auditoire interdit ;
Toute ardeur est ralentie
L'enfant pleure de dépit.

Quoiqu'en dise la Folie,
Chacun doute du succès ;
On sait qu'au cœur de Sophie
La Raison a trop d'accès.
Tous s'éloignent en silence,
En vain l'Amour veut parler;
Mais l'Espoir et la Constance
Restent pour le consoler.

L'INCONSTANCE JUSTIFIÉE.

AIR : *Sylvie, à l'âge de quinze ans.*

Guidé par le besoin d'aimer,
Un amant promet et s'engage,
Il croit, trop prompt à s'enflammer,
Ne jamais changer de langage.
Si l'on osait en ce moment
Traiter son amour de caprice,
Alors, avec emportement,
Il blâmerait cette injustice.

Mais bientôt un nouvel objet
Embrâse son âme légère ;
De changer, a-t-il le projet ?
Non. Cependant il cherche à plaire.
Pénétré par un trait vainqueur,
Le fuir n'est plus en sa puissance :
Il tremble.....il redonne son cœur ;
Adieu sermens, adieu constance.

Iris, ne crains pas un tel sort ;
Pour toujours règne sur mon âme.
Envers Aglaé si j'eus tort
Tes yeux défendent qu'on me blâme.
Comment pourrais-je encor changer ?
Tes attraits charment pour la vie.
Paris cessa d'être léger
Quand Hélène fut son amie.

EPIGRAMME

ADRESSÉE A UN FAT QUI BLAMAIT LE DISTIQUE QUI SUIT :

De Paris au Pérou, du Japon jusqu'à Rome,
Le plus sot animal, à mon avis, c'est l'homme.

On sait que c'est Boileau , cet immortel auteur,
Qui traça ces deux vers dans un moment d'humeur.
Maint critique, depuis, de ce mot nous assomme ;
Mais pourquoi t'en fâcher? toi qui n'es pas un homme !

VERS

A METTRE EN TRANSPARENT , LE JOUR DE LA St.-Louis,

Par des accords vifs et touchans
D'amour de joie et d'espérance,
Nos cœurs purs et reconnaissans
Fêtent le père de la France.
Que ces instans nous semblent courts !
Que leur approche est agréable !
Français ! pour un sujet semblable ,
Serait-ce trop de tous les jours ?

ON N'EST BIEN QU'ÉTANT DEUX.

AIR : *Vive, vive, les bons paysans.*

Vivre seul, c'est vraiment ennuyeux !
Et le ciel, qui fit tout pour le mieux,
Apprend aux hommes
Qu'on n'est bien qu'étant deux.

Quand l'Eternel donna l'être
Au premier de nos papas,
Celui-ci lui fit connaître
Qu'il s'ennuyait ici-bas.
Alors Dieu, sans plus de mystère,
Prit ce solitaire en pitié :
Vîte il lui donne une moitié
Qui devint notre mère.
   Vivre seul, etc.

Depuis ce temps, dans le monde,
Deux-à-deux nous vivons tous ;
Sur la terre, aux cieux, dans l'onde,
On en fait autant que nous :
Voir même les célibataires,
Semblables aux coucous malins,
Ils vont-chasser chez les voisins
Sans craindre pour leurs terres.
   Vivre seul etc.

Seulette dans un bois sombre,
Agnès s'enfuit en tremblant,
Lucile, en voyant son ombre,
La prend pour un revenant.
Isabelle, sous sa couchette,
Croit toujours entendre un voleur ;

Et chacune, dans sa frayeur,
En soupirant répète,
  Vivre seul, etc.

On voit le poltron timide,
Seul, craindre de s'engager;
Mais dès qu'un brave le guide,
En crâne il vole au danger.
Les Prussiens, lorsqu'ils sont en guerre,
Font leur faction deux à deux.
Pour qu'un labourage aille mieux
Les bœufs y vont par paire.
    Vivre seul, etc.

Loin du commerce du monde,
Plus d'un solitaire ancien,
Dans une forêt profonde,
S'ennuyait en bon chrétien.
Las de rester seul dans sa niche,
Saint Antoine adopte un cochon;
Saint Jean n'eut-il pas un mouton,
Et saint Roch son caniche?
    Vivre seul, etc.

Le pauvre, dans sa chaumière,
Le riche, dans un palais,

Le tigre, dans sa tanière,
La grenouille en un marais;
Gens et bêtes, dans leur langage,
Nous disent que pour être heureux,
De l'habitude d'être deux
Il faut garder l'usage.
    Vivre seul, etc.

Qui fait tant tourner les têtes
De nos jeunes amoureux?
Pourquoi ces couplets, ces fêtes
Et ces soupirs langoureux?
Où tendent les agaceries,
Le muet langage des yeux?
C'est dans l'espoir de vivre deux
Qu'on fait tant de folies.
    Vivre seul, etc.

Qu'un mari perde sa femme,
Il en beugle comme un veau;
On croit qu'il va rendre l'âme:
Amour! quel triste tableau!
Mais après six grands mois de peines
Que rien ne saurait effacer,
Le pauvre homme est prêt à passer....
Dans de nouvelles chaînes.
    Vivre seul, etc.

Pour voir naître dans nos âmes
Les jeux, les ris, les désirs,
Il faut que toujours les dames
S'unissent à nos plaisirs.
Aussi, lorsque la vieille parque
Me dira d'aller voir Caron,
J'attendrai qu'un jeune tendron
A mes côtés s'embarque.
Vivre seul, c'est vraiment ennuyeux !
Et le ciel qui fit tout pour le mieux
    Apprend aux hommes
    Qu'on n'est bien qu'étant deux.

LE PRINTEMPS.

AIR : *Encore aujourd'hui la folie.*

Tout s'embellit dans la nature,
Et semble renaître au printems,
Les oiseaux, les prés, la verdure,
Tout l'annonce et flatte nos sens.
Guidés par la douce espérance,
Les amans chantent son retour ;
Mais que m'importe sa présence,
Trop loin de mon premier amour.

Séparé de la tourterelle,
Qui l'an dernier fit son bonheur,
Voit-on le tourtereau fidèle
Brûler d'une nouvelle ardeur ?
Il fuit le chant de la fauvette ;
Il aspire après le retour ;
Pour lui la nature est muette,
Trop loin de son premier amour.

Ainsi que lui, dans le silence,
Je me plains et n'ai plus d'espoir.
Le printemps chaque jour s'avance,
Belle Annette, sans te revoir.
Si je tiens encore à la vie,
Si toujours je pense au retour,
C'est pour te voir, ô mon amie !
Fidèle à ton premier amour.

———

ENVOI DE MON PORTRAIT.

Air : *Quand je vois des gens ici-bas.*

Voici mon minois ressemblant ;
Mais juge, Iris, de ma colère :
Pour l'hôtel du Singe parlant,
Chacun dit qu'il ferait l'affaire.

Si du plus joli des portraits ,
Je devais te faire l'hommage ,
A l'artiste je donnerais
Pour modèle ta douce image.

Je dirais à ce peintre heureux :
Pour la rendre plus ressemblante ,
De Psyché, tracez les beaux yeux ,
De Vénus , la taille charmante ;
De Pallas , le noble maintien ,
De Diane , la modestie ;
Cela fait , je gagerais bien
Que chacun dirait : C'est Julie !

UN DÉPIT DE GRÉGOIRE.

Parodie.

Jupiter ! prête-moi ta foudre !
S'écriait Grégoire , un peu gris ,
Afin que je réduise en poudre
Tous les cabarets de Paris.

Normands ! enseignez-moi l'usage
De votre acidule boisson ,
Pour me tenir lieu du breuvage
Qui me fait perdre la raison.

Astre brillant qui nous éclaire,
Que n'ai-je tes brûlans rayons ?
Pour chasser des deux hémisphères
Vignes, treilles et vignerons !

Ah ! si dans ma fureur extrême,
Je tenais le Dieu du raisin !.....
Tiens, le voilà ! dit Bacchus même,
Qui paraît la bouteille en main.

Venge-toi ! dis-moi si tu l'oses !
A ces mots, Grégoire interdit,
Sourit et prend deux ou trois doses
Du nectar qu'il avait maudit.

On prétend même que Grégoire
A Bacchus fit si bien sa cour,
Qu'il demandait encore à boire
Quoi qu'il fût rond comme une tour.

———————

LE CARACTÈRE D'UN ÉPICURIEN.

AIR : *Gaîment, je m'acommmode.*

De chanter on me prie,
Chantons.
A boire on me convie,
Buvons.

De l'amour j'aime à suivre
    Les lois ;
Trente jours je suis ivre
    Par mois.

A la beauté, fidèle
    Je suis ;
Mais vois-je une cruelle,
    Je fuis.
La froide politique
    M'endort ; —
Jamais hymne bachique
    N'a tort.

Je suis de tout vrai sage
    Épris ;
D'ignorant qui m'outrage
    Je ris.
J'aime que l'on encense
    Nos preux ;
J'aime aussi de l'enfance
    Les jeux.

Bacchus est, quoiqu'on glose,
    Divin ;
L'amour est peu de chose
    Sans vin.

Et le jus de la tonne
Est tel ,
Qu'à nos couplets il donne
Du sel.

A MA FEMME.

A des soupçons jaloux faut-il que je me livre ,
Quand ce jeune blondin te parle de ses feux ?
Je sais qu'il veut, dit-il, mourir pour tes beaux yeux:
J'aurais plus de chagrin s'il consentait à vivre.

LES CERTIFICATS.

AIR : *Ah ! que l'amour est agréable !*

Tel sot rimailleur qui grifonne ,
N'a que de l'esprit emprunté ;
Il prône d'un air effronté
Qu'il n'a jamais pillé personne ;
Je lui dis : Auteur délicat ,
En as-tu le certificat ?

Voyez l'innocente Isabelle
Garder un modeste maintien ;

Damis l'épouse et pense bien
Qu'elle est encore demoiselle ;
Mais lors de l'amoureux débat,
Ce n'est qu'un faux certificat.

Les soldats de Prusse et d'Autriche,
D'avance portaient des lauriers ;
Mais nos invincibles guerriers
Qui ne veulent pas que l'on triche,
Foulaient aux pieds, dans les combats,
Ces mensongers certificats.

Nos héros, au sein des alarmes,
Tombent sous l'effort de vingt rois ;
Battus pour la première fois,
Ils meurent sans rendre leurs armes.
Étrangers ! non, vous n'avez pas
D'aussi nobles certificats.

Le cabaretier qui nous trompe
Prétend que son vin est sans eau,
Et pour remplir chaque tonneau,
Tous les soirs il est à la pompe ;
On peut donner à son vin plat,
De chrétien le certificat.

Pour trouver amitié sans gêne ;
Attraits charmans, gens sans souci ,
A les chercher ailleurs qu'ici
Un bon vivant perdrait sa peine ;
Qui vous a vus est en état
D'en signer le certificat.

———

ACROSTICHE.

Le dieu d'amour doit embellir la vie,
Unir deux cœurs asservis sous ses lois ;
C'était mon vœu ; la douce sympathie,
En te montrant, a su fixer mon choix.

———

A M. DE RANCOGNE,

AU 1ᵉʳ. JANVIER 1823.

Dois-je mêler ma voix aux accens d'allégresse
D'amis et de parens dont la foule se presse ?
Mes vœux sont ceux du pauvre, et s'ils vous font plaisir,
C'est là mon seul espoir mon unique désir.
Digne Administrateur ! Je vous dois l'existence,
Et c'est par vos bienfaits que mon bonheur commence ;
Ah ! daignez agréer les modestes souhaits
Qu'avec ardeur sincère en ce moment je fais :

Soyez toujours heureux ; que le destin prospère
Conserve aux employés leur protecteur, leur père !
N'allez point présumer qu'un tel vœu soit dicté
Par l'austère devoir ou la froide habitude ;
Avant de l'exprimer, la simple vérité
A dû guider mon cœur mû par la gratitude.
Mon respect, digne chef ! et mon attachement,
A toute heure, en tout lieu, paraîtront constamment.
Joyeux d'être l'objet de votre bienfaisance,
Je peindrai vos bontés avec reconnaissance.
Du plus pur dévoûment j'aime à vous faire hommage ;
Je crains peu qu'il s'altère aux vains efforts du temps ;
Ces vers en sont l'écho ; mes plus vifs sentimens
Ne peuvent désormais qu'en retracer l'image.

BOUQUET A M. PIERRE B***,

LE JOUR DE SA FÊTE.

Le bonheur, le plaisir, brillent dans tous les yeux,
    Dès que vient le jour de ta fête :
    Avec ardeur chacun s'apprête
A t'offrir son amour, à t'exprimer ses vœux.
Pour chanter dignement notre ami, notre père,

Nous aurons tous le cœur de Pierre.
Le cœur de Pierre, je m'entends ;
C'est le tien qu'auront tes enfans.
Je désirais, selon l'usage,
Ajouter à ce simple hommage
Un bouquet dont l'ensemble eût de nos sentimens
Retracé toute la tendresse ;
A son défaut, notre allégresse
En saura tenir lieu dans ces heureux momens.
Comment fixer mon choix sur une fleur nouvelle ?
Elle naît et meurt en un jour,
Et l'emblême de notre amour
Doit vivre plus encore que ne fait l'immortelle.

A M. TENANT DE LATOUR,

CHEF DE LA DIVISION DU PERSONNEL DES POSTES.

Une ambition tyrannique
N'a jamais guidé mes désirs ;
De stoïcisme je me pique,
Sans être ennemi des plaisirs.
A moi l'avenir se présente
Sous un aspect délicieux ;
Mais il faut, pour me rendre heureux,
Douze à quinze cents francs de rente :

De rente ou bien en travaillant :
Il est loin de mon caractère
D'oser, en commis indolent,
Prétendre vivre sans rien faire.

Il est un mortel généreux
A qui je devrai l'existence ;
Il reçoit avec indulgence
Ma prose et mes vers ennuyeux.
Bon, affable, humain tour-à-tour,
Toujours sensible à ma détresse ;
De me consoler il s'empresse :
C'est nommer monsieur DELATOUR !

Puisse-t-il par un emploi mince
M'envoyer rimer en province.
Sans craindre le destin jaloux,
Alors j'irai planter des choux.
J'aurai petite maisonnette
Où régnera gaîté parfaite ;
Dans mon réduit on trouvera
Dindons, canards, *et cætera*.
De plaisir mon âme pétille :
Déjà je me crois en famille.

S'il me vient des petits marmots,
Je leur apprendrai quatre mots
Dictés par la reconnaissance,
Et que mon cœur trace à l'avance :
Heureux soit monsieur Delatour !
Et sitôt qu'en viendra le jour,
Il faudra chez moi qu'on s'apprête
A célébrer gaîment la fête
De notre excellent protecteur ;
Ce seront vrais élans du cœur.

Or, votre bonheur sans nuage
Désormais sera votre ouvrage.
Mais ceci n'est qu'un songe creux
Qui doit la naissance à mes vœux :
Faites qu'avant peu j'achève
En réalité ce rêve.

LE TOI.

Air : *Des quatre parties du jour.*

Toi ! c'est le plus joli langage :
Il me rappelle ton image.
Pour me rendre heureux , permets-moi
D'employer chaque jour ce Toi.

Penser à Toi, près de Toi vivre ;
Ne chérir, n'adorer que Toi ;
A ce doux espoir je me livre,
Tout mon bonheur dépend de Toi.

Avec plaisir Toi je prononce ;
Sans peine au froid Vous je renonce ;
Par respect on le dit toujours,
Mais Toi convient seul aux amours.
J'aurais félicité parfaite,
Quand je volerai près de toi,
Si, pour prix de ma chansonnette,
Tu réservais ce mot pour moi.

A MADEMOISELLE POISLE

(AUJOURD'HUI BARONNE DE V***), QUI APPRENAIT LA
LANGUE ALLEMANDE.

Daignez, à ma muse badine,
Pardonner un léger écart ;
Son conseil, aimable cousine,
Vient à propos, quoiqu'un peu tard :
Vous ne devez, en conscience,
Pour l'allemand vous mettre en frais ;
Qu'est-il besoin d'autre science ?
Vous charmez si bien en français !

15

L'ADIEU DEMANDÉ.

AIR : *Femmes, voulez-vous éprouver.*

En m'ordonnant tranquillement
Un adieu, pour moi si pénible,
Vous nous croyez assurément,
Vous, moins belle, et moi moins sensible.
C'est assez m'occuper de vous
Lorsque je sens couler mes larmes,
N'ordonnez rien, à vos genoux,
Mon triste cœur vous rend les armes.

Puis-je, au moment où je vous perds,
Quand du sort je suis la victime,
Penser à vous offrir des vers,
Et placer à mon gré la rime ?
Tous mes efforts sont superflus,
S'il faut tracer ma peine extrême ;
En cet instant je ne sais plus
Que sentir combien je vous aime !

MES VŒUX.

AIR : *Le jus de la treille*, etc.

Postiers, mes confrères !
Soyez tous heureux,

Joyeux ;
Doublez vos salaires ;
Ce sont là mes vœux.

Que Momus envoie
Pour charmer vos jours ,
Toujours ,
Plaisirs , gaîté , joie ,
Les ris , les amours.
Postiers , etc.

Que vos ménagères
Chassent les amans
Galans ,
Et soyez les pères
De tous vos enfans,
Postiers , etc.

Que la sœur de celle
Qui file vos jours
Trop courts ,
Souffle sa chandelle ,
Et dorme toujours.
Postiers , etc.

Que Bacchus console
Tel aux cheveux gris,

  Surpris ,
De voir que s'envole
L'enfant de Cypris.
Postiers, etc.

A tout chef aimable
Souhaitons gaîté
  Santé ,
Au lit , à la table ,
Qu'il soit bien traité.
Postiers, etc.

Quant au chef austère ,
Constamment frondeur ,
  Grondeur ,
Qu'il aille se faire......
Pour votre bonheur.
Postiers, etc.

Que le doyen d'âge ,
Narguant les autans ,
  Le temps ,
Tienne mon langage
Encore dans vingt ans.
Postiers, etc.

Si du sombre empire
S'ouvrait le chemin,
Demain,
Pour nous mieux conduire,
Donnons-nous la main.
Postiers, mes confrères,
Soyez tous heureux,
Joyeux ;
Doublez vos salaires ;
Ce sont là mes vœux.

DER NACHTWÆCHTER,

ou

LE GARDE DE NUIT.

IMITATION LIBRE DE L'ALLEMAND.

Komm fein Liebchen, komm ans Fenster ;
Alles still und stumm.
Nur Verliebte und Gespenster
Wandeln noch herum.

Dein getreuer Buhle harret,
Komm in seinen Arm.

Seine Finger sind erstarret,
    Doch sein Herz ist warm.
Komm, etc.

Alle Sternlein sich verdunkeln;
    Luna leuchtet nicht!
Doch wo Liebchens Aeuglein funkeln
    Da ist heller Licht.
Komm, etc.

TRADUCTION.

AIR : *à faire.*

Tout repose et se tait ;
Viens, ô ma tendre amie !
La nature endormie
Respecte ton secret.
Entr'ouvre ta fenêtre
A la voix d'un amant ;
Les ombres seulement
Pourront te voir paraître.
Tout repose, etc.

Dans mes bras amoureux,
Accours, que je te presse.
Objet de ma tendresse !
Viens, viens me rendre heureux !

Eloigné de ma dame,
Si je sens que mes doigts
Sont engourdis et froids,
Mon cœur est tout de flamme.
Tout repose, etc.

La lune ne luit plus,
La nuit étend ses voiles :
Des brillantes étoiles
Les feux sont disparus. *
Mais de ma tendre amante
Les séduisans regards
Jettent de toutes parts
Leur lumière éclatante.
Tout repose, etc.

* Je pense qu'il serait plus exacte de dire *// ont disparu //*; mais on excusera cette licence ; la rime l'exigeait impérieusement.

MOTS DES ÉNIGMES, ETc.

————

Charade	Ire.	Assaut.
—	II.	Charpie.
—	III.	Orage.
—	IV.	Décime.
—	V.	Souvent.
Logogriphe	Ier.	Rime, émir, remi, ire, mie, méri, mi, re.
—	II.	Main, ain, mai, ami.
—	III.	Chaire, caire, chair, riche, char, cher, aire, re.
Énigme	Ire.	Plume.
—	II.	Lettre.

————

TABLE

DES MATIÈRES.

———

IMPRIMERIE DE L.-É. HERHAN.

ERRATA.

Pag. 53, lig. 17 , *encore*, lizez, *encor*.
  80 , lig. 15, *quitté*, lizez, *quittez*.
  96, lig. 21, *l'essort*, lizez, *l'essor*.
135, lig. 20, *le noir projet*, lizez, *les noirs projets*.
138, lig. 6 , *qui*, lizez, *qu'il*.
160, lig. 1re. *éclaire*, lizez, *éclaires*.
176, lig. 10, *caire*, lizez, *haire*.

9 782329 810942